KINDER!
SEID IHR ALLE DA?

Magdalena Gasser

KINDER! SEID IHR ALLE DA?

Lustige Stücke für's Kasperltheater, praktische Tipps, pfiffige Kasperljausen

ATHESIA VERLAG

Inhalt

11 lustige Kasperlstücke

11 lustige Kasperljausen

So viele Menschen haben mich wohlwollend bei der Arbeit zu diesem Kasperlbuch unterstützt. Ganz besonders danke ich: meiner Mutter, die mir die Freude zum Kasperltheater geschenkt hat. Meinen Kindern Felix und Jonathan, mit denen ich diese Freude wiederentdecken durfte. Meinem Mann, Elmar Teutsch, der mich zu diesem Buch ermuntert hat und mich während der gesamten Entstehungszeit unterstützt hat. Ursula Holzer und Angelika Steinmair fürs Querlesen. Evelyn Haller und Brunhilde Teutsch für ihre fachlichen Tipps. Susanne Fügenschuh und Marion Prossliner für die grafische Gestaltung. KarinLongariva für ihre kulinarische Beratung. Angelika Gasser, Verena Plattner, Helene Schenk, Martha Stocker und den Verantwortlichen im Elki Bozen für ihre Unterstützung. Julia Andreae, Marianne Ilmer-Ebnicher und Toni Pizzecco für ihre Ratschläge als Autoren. Im Besonderen danke ich meiner Lektorin Astrid Fleischmann, die dieses Buch von Anfang an mit Begeisterung und großem Einsatz begleitet hat. **Danke**

So was wie ein Vorwort

Psst! Seid ihr alle da?

Ich möchte euch ein Geheimnis verraten! Aber nicht weitersagen!

Theater ist das Wichtigste.

Wie? Das glaubt ihr nicht?

Also: Schiller hat schon gesagt, dass der Mensch nur da ganz Mensch ist, wo er spielt.

Und Shakespeare hat gesagt: »Die ganze Welt ist Bühne.«

Und jeder weiß, dass deren Bretter die Welt bedeuten.

Die, die meinen, andere Dinge seien wichtiger ... Ha! Von wegen! Mittlerweile haben sogar schon die Verhaltensforscher herausgefunden, dass Verspieltheit bei allen Tieren ein Zeichen besonders hoher Intelligenz ist. Denn durch das Spiel werden Möglichkeiten von Lebenssituationen erprobt und die Fähigkeit trainiert, differenzierte, flexible Problemlösungsstrategien zu entwickeln.

Natürlich fängt es bei den Kindern an. Aber hey, nicht gar so pädagogisch. Geben wir es doch einfach zu: Das Theaterspielen macht auch hinter den Kulissen einen Riesenspaß. Und mit diesem Buch kann es jeder ausprobieren. Aber Vorsicht! Die Kinder werden wohl ziemlich bald die Regie an sich reißen!

Was noch? Soll ich es wirklich sagen?

Wir wissen es doch ohnehin: dass das Theater Zauber birgt, dass es die Seele zum Schwingen und Singen bringt, dass es die Fantasie anregt. Und dass ohne die Überhöhung durch schöpferische Vorstellungskraft alles hohl ist – das glänzendste Fest, der schönste Luxus bleibt fad und arm. Also: Theater ist doch das Wichtigste.

Ja, Kasperl! Wir sind alle da!

Katalin Fischer

Kulturjournalistin (Bayerischer Rundfunk, Südwestfunk, Deutschlandradio)

Profitipps für Einsteiger

Zuerst das Wichtigste

Beim Kasperltheater ist es wie beim Essen: Gut gewürzt ist halb gekocht! Hier die Gewürzmischung für Ihre gelungene Vorstellung:

Versetzen Sie die Kinder in Spannung: mit einer fesselnden Handlung, unerwarteten Ereignissen und geschickt eingelegten Spannungspausen – denn Kasperltheater ist der Krimi für die Allerkleinsten.

Bringen Sie die Kinder zum Lachen: mit lustigen Versprechern, einfachen Wortverdrehungen und einem Bösewicht, der dem Kasperl auf den Leim geht – denn Kasperltheater ist das Kabarett für die Allerkleinsten.

Bringen Sie die Kinder zum Staunen: mit magischen Momenten, unerwarteten Verzauberungen, glitzernden Requisiten und viel Zeit für das gemeinsame Bewundern – denn Kasperltheater ist der Zirkus für die Allerkleinsten.

Beziehen Sie die Kinder in die Handlung ein: mit vielen Fragen, mit der dringenden Bitte um Rat und Hilfe und gemeinsam zu bestehenden Abenteuern – denn das Kasperltheater ist das Improvisationstheater für die Allerkleinsten.

Spielen Sie selbst mit Begeisterung und Freude.

So bewegen Sie die Handpuppen richtig!

Schlüpfen Sie einfach mit Ihrem Zeigefinger in Kasperls Kopf. Ihr Daumen und Ihr Mittelfinger – alternativ Ihr kleiner Finger – kommen in die Puppenarme. Streifen Sie sich das Puppenkleid über Ihren Unterarm und halten Sie Zeigefinger, Hand und Arm in einer senkrechten Geraden. Na, wer schaut Sie da an?

Das große 1x1 der überzeugenden Puppenführung

- Führen Sie die Puppen ruhig und langsam – vermeiden Sie schnelle, hektische Bewegungen.
- Die Puppe, die gerade spricht, bewegt ein wenig Kopf und Körper.
- Die Puppen, die nicht sprechen, stehen aufrecht und in der Regel reglos.
- Halten Sie die Puppe so hoch über den Bühnenrand, dass möglichst alles vom Puppenkleid und möglichst nichts vom Spielerarm sichtbar ist.
- Führen Sie die Puppen ohne Abstand direkt am Bühnenrand.
- Ziehen Sie sich ein schwarzes Hemd oder einen schwarzen Pullover an, falls doch mal Ihr Spielerarm über der Spielleiste herausschaut.

- Die Puppen schauen in erster Linie Richtung Publikum.
- Im Zwiegespräch schauen sich die Puppen abwechselnd gegenseitig an und dann wieder ins Publikum.
- Bewegen Sie Ihre Finger, bewegt die Puppe Kopf oder Arme.
- Bewegen Sie Ihre Hand, beugt oder dreht sich die Puppe.
- Bewegung Sie Ihren Unterarm, springt oder geht die Puppe.
- Die Puppen treten von der Seite entlang des Bühnenrandes auf und gehen auf gleiche Weise wieder ab. Sie gehen ruhig, hüpfen fröhlich oder schleichen kummervoll.
- Bösewichter erscheinen und verschwinden sehr plötzlich – sie schnellen aus unerwarteter Richtung hervor.
- Die Puppen bringen ihre Gefühle mit dem gesamten Körper zum Ausdruck, da sie die Mimik nicht verändern können. Übertreiben Sie deshalb Gefühlsbewegungen wie erschrecken, weinen oder lachen.

PROFI-TIPP

Wenn Sie ohne Bühne spielen, schauen Sie Ihrem Publikum nie in die Augen, das lenkt die Kinder ab. Schauen Sie während des gesamten Spiels auf den Puppenkopf. Stellen Sie sich vor, Sie sehen Ihr Publikum durch die Puppenaugen hindurch an.

Ihr Trockentraining mit einer Puppe

Zum Aufwärmen trainieren Sie die unten angeführten Bewegungsmöglichkeiten mit *einer* Puppe. Ihr freier Arm dient Ihnen dabei als fiktiver Bühnenrand. Sie können Ihrer Puppe direkt in die Augen schauen oder vor dem Spiegel trainieren. Dazu sprechen Sie laut mit, was Ihre Puppe während jeder Bewegung sagen würde.

Ja nicken: Ihr Zeigefinger bewegt den Puppenkopf vor und zurück.

Nein schütteln: Ihr Zeigefinger bewegt den Kopf so weit wie möglich nach links und rechts.

Auftreten: Die Puppe startet vom Bühnenrand und geht langsam entlang der Spielleiste Richtung Bühnenmitte. Dabei bewegt Sie sich leicht auf und ab und schaut zur Seite. Sobald Sie steht, wendet sie sich dem Publikum zu.

Applaus entgegennehmen: Der gesamte Puppenkörper beugt sich mit Schwung vornüber. Unserem Kasperl fliegt dabei die Zipfelmütze vors Gesicht.

Verabschieden: Mit einer Puppenhand winken.

Entdecken, bewundern: Die Puppe stellt sich seitlich neben den Gegenstand, senkt leicht den Kopf und staunt.

Näher betrachten: Die Puppe steht seitlich neben dem Gegenstand und beugt ihren Körper zum Gegenstand hinunter.

Sich freuen: Die Puppe spreizt die Arme seitlich und macht mit erhobenem Kopf einen leichten Sprung nach oben. Diese Bewegung können Sie mehrmals wiederholen.

Vorfreude: Die Puppe reibt sich die Hände.

Lachen: Die Puppe spreizt die Arme seitlich, der Kopf bewegt sich im Lachrhythmus locker vor und zurück.

Lauschen: Die Puppe dreht sich zur Seite und hält die dem Publikum zugewandte Hand vor das Ohr.

Ausschau halten: Die Puppe dreht sich ruckartig nach rechts und links, indem Sie Ihre Spielerhand drehen.

Gähnen: Die Puppe hält sich beide Hände vor den Mund.

Müde sein: Die Puppe reibt sich mit beiden Händen die Augen.

Einschlafen: Zuerst kippt der Puppenkopf zur Seite. Dann legt sich der Puppenkörper der Länge nach auf die Spielleiste. Wenn diese Bewegung abgeschlossen ist, hält sich die Puppe beide Hände vor das Gesicht.

Schnarchen: Die Puppe liegt in Schlafposition. Beim schnarchenden Einatmen hebt sich der Puppenkopf leicht, beim schnarchenden Ausatmen senkt er sich wieder.

Aufwachen: Die Puppe kommt aus der Schlafposition wieder in die aufgerichtete Haltung und reibt sich mit beiden Puppenhänden die Augen.

Besorgt sein, zweifeln: Der Puppenkopf kippt zur Seite, die Puppenhände sind vor dem Bauch überkreuzt.

Erschrecken: Die Puppe schlägt beide Hände vor dem Gesicht zusammen und macht dabei einen kleinen Sprung nach hinten.

Weinen: Der Puppenkopf kippt nach vorne, die Puppenhände schlagen vor dem Gesicht zusammen. Der Puppenkörper bewegt sich im Rhythmus des Wein-Stakkatos leicht vor und zurück.

Ängstigen: Die Puppe schlägt die Arme vor der Brust zusammen, zieht den Kopf ein und zittert.

Traurig sein: Die Puppe lässt Kopf und Arme hängen.

Schämen: Die Puppe wendet sich ab oder versteckt sich.

Übungen mit zwei oder mehr Puppen

Sobald Ihnen das Spiel mit einer Puppe vertraut ist, probieren Sie es mit zwei Puppen. Lassen Sie die Puppen miteinender agieren und üben Sie: begrüßen, verabschieden, küssen, hintereinander abgehen, verstecken spielen, sich verfolgen und festhalten.

Ängstigen mit der zweiten Figur: Die ängstliche Puppe (z.B. Seppl) packt mit beiden Händen das Puppenkleid der tapferen Puppe (z.B. Kasperl) und versteckt sich seitlich dahinter. Der Kopf der ängstlichen Puppe ist dabei für das Publikum noch gut sichtbar.

PROFI-TIPP

Das Spiel mit zwei und mehr Puppen

- Alle Puppen sollen für das Publikum gut sichtbar sein und dürfen sich gegenseitig nicht verdecken.
- Die Puppen verteilen sich über die gesamte Spielleiste.
- Die Puppen schauen sich beim Sprechen immer wieder an.

Besondere Puppenführung für besondere Puppen

Kasperl: Kasperls Erkennungszeichen ist seine lange, rote Zipfelmütze, an deren Ende ein Glöckchen baumelt. Die Kasperlmütze können Sie immer wieder in das Spielgeschehen einbauen: Kasperl lacht, wenn ihm seine Mütze wieder einmal ins Gesicht hängt und die Sicht verdeckt. Bei Gefahr wirft er die Mütze absichtlich vors Gesicht und versteckt sich dahinter. Verbeugt sich Kasperl vor den Kindern, wirbelt gleichzeitig seine rote Kopfbedeckung nach vorne.
Wenn Ihr Kasperl Beine hat, will er diese auch zeigen. Er setzt sich auf den Bühnenrand und lässt die Beine locker herunterbaumeln. Zu passenden Gelegenheiten sitzt er auch im Reitersitz. Dann ist nur ein Bein sichtbar. Zum Gehen sind die Beine nicht geeignet. Da verschwinden sie besser hinter der Bühne.

Krokodil/Wolf: Bei unseren beiden »Kriechtieren« dreht sich alles ums Maul. So schlüpfen Sie fachgerecht hinein: Daumen in den Unterkiefer, die restlichen 4 Finger in den Oberkiefer. Nun kneten Sie das Maul nach Lust und Laune – so sind viele effektvolle Bewegungen möglich.

Hier einige Beispiele:

- Maul weit aufreißen zum Fressen oder Niesen.
- Zähne aneinander reiben und bedrohlich fletschen.
- Mahlende Kieferbewegungen beim Schmatzen und Fressen.
- Kiefer zusammenpressen, Nase nach vorne und schnuppern.
- Erschöpft oder traurig den Kopf vorn über den Bühnenrand hängen lassen.

So sprechen Sie jede Figur überzeugend!

Jede Figur hat ihren typischen Charakter und ihre eigene Sprechweise und zwar das gesamte Stück hindurch. Seien Sie am Anfang großzügig mit sich selbst, wenn der Seppl plötzlich wie die Hexe krächzt und die Großmutter zur Abwechslung wie der Räuber brummt. Der schnelle Wechsel zwischen den Stimmen gelingt mit der Zeit immer besser.

So sorgen Sie für eine Stimme, die ankommt

- Sprechen Sie langsam, laut und deutlich.
- Verschlucken Sie keine Silben oder Endungen.
- Sprechen Sie jede Figur in einer eigenen, charaktertypischen Sprechweise.
- Je größer der Raum, desto lauter müssen Sie sprechen – machen Sie unbedingt eine Stimmprobe.
- Sprechen Sie immer nach vorne ins Publikum.
- Variieren Sie je nach emotionaler Befindlichkeit der Figuren Lautstärke und Sprechtempo.
- »Flüstern« Sie laut und hörbar.
- Bringen Sie Gefühlsregungen stark zum Ausdruck. Übertreiben Sie dabei unbesorgt.

Wenn Sie im Verlauf der Handlung neue Elemente z.B. einen Gegenstand, einen Plan, eine Figur oder ein Gefühl einführen, benennen Sie diese in abgeänderter Form mehrmals. Als Faustregel gilt: 3-mal wiederholen, damit alle Kinder sich mit dem Neuen vertraut machen und der Handlung leicht folgen können.

Das Spiel zu zweit

Zu zweit spielt sich's leichter und es macht auch doppelt so viel Spaß. Schlüpfen Sie als Mann in Frauenrollen und umgekehrt, das erhöht die Komik. Treten zwei Figuren häufig zusammen auf, wie beispielsweise Kasperl und Seppl, übernimmt jeder Spieler eine der beiden Rollen. Klären Sie bei der Probe, wer auf welcher Seite spielt und wie die Figuren auf- und abtreten. Fallen Sie Ihrem Spielpartner während der Aufführung nicht ins Wort, sondern lassen Sie ihn ausreden.

PROFi-TiPP

Spannungspausen

Geschickt gesetzte Pausen erhöhen die Spannung und verstärken die Gefühle: Kasperl lauscht zusammen mit den Kindern den unheimlichen Geräuschen im Räuberwald. Der Räuber beschnüffelt mit Genuss die Pilzsuppe, bevor er zugibt, dass sie doch etwas sonderbar riecht. Nehmen Sie sich Zeit und kosten Sie zusammen mit den Kindern jede sinnliche Wahrnehmung während der Aufführung aus.

Figur: Ohne Kasperl geht gar nichts, denn er ist der unumstrittene Held in unserem Spiel. Er verkörpert das Gute, das stets bereit ist, das Böse mit List und Intelligenz in die Schranken zu weisen und das am Ende immer siegt. Kasperl und die Kinder sind ein Herz und eine Seele. Er weiht sie in alle Abenteuer ein, dafür stehen sie ihrem Freund mit Rat und Tat zur Seite. Unser Held lebt mit Seppl und Gretl bei der Großmutter. Kasperl hat, wie alle Puppen, an seiner Hand keine Finger – und deshalb auch keinen moralischen Zeigefinger. Seinen pädagogischen Auftrag erfüllt er schon durch seine bloße Anwesenheit und seine liebenswerte Art.

Charaktereigenschaften: gut gelaunt, lustig, hilfsbereit, schlau, einfallsreich, abenteuerlustig, mutig, sanges- und reimfreudig. Was er nicht ist: ironisch, besserwisserisch, angeberisch, belehrend, beleidigt, nachtragend, hinterhältig. Ärgern und reinlegen tut er nur die »Bösen« – für einen guten Zeck, versteht sich.

Stimme: Kasperl spricht sanft und fröhlich. Verwenden Sie am besten Ihre eigene Sprechstimme in angenehmer Tonlage, dadurch wirkt die Figur natürlich.

Der Kasperl –

auch Kasper oder Kasperle genannt

Figur: Was der Clown in der Manege, ist der Seppl im Kasperltheater. Über ihn dürfen alle lachen, denn Seppl hat noch mehr Angst als die Kinder und macht noch mehr verkehrt. Er verspricht sich oft und kann sich Namen schlecht merken. Seppl ist Kasperls bester Freund und sein genaues Gegenteil: Ein einfacher, gutmütiger Kerl, den oft der Mut verlässt und der selbst tollpatschig in so manche Falle tappt. Auf Abenteuer geht er nur, weil Kasperl ihn dazu überredet. Und wenn es all zu brenzlig wird, versteckt er sich schlotternd und stotternd hinter Kasperls Rockzipfel. Seine absoluten Lieblingsbeschäftigungen sind: essen und schlafen.

Charaktereigenschaften: freundlich, gut gelaunt, gutmütig, langsam, ängstlich, tollpatschig, etwas schwer von Begriff.

Stimme: Seppl spricht langsam. Zwischendurch gähnt er verschlafen und wenn er Angst bekommt, beginnt er zu stottern. Sie können diese Figur auch im Dialekt sprechen. Bei zwei Spielern sollte der eine die Kasperlrolle, der andere die Sepplrolle übernehmen. In diesem Fall können Sie für den Seppl Ihre natürliche Sprechstimme verwenden.

Der Seppl –

auch Seppel genannt

Die Gretl – auch Gretele genannt

Figur: Gretl ist die beste Freundin von Kasperl und Seppl. Sie unternimmt gerne Abenteuer mit den beiden und bäckt leidenschaftlich gerne Kuchen. Sie ist ein wenig ängstlich und zurückhaltend. Wenn es brenzlig wird, bittet sie ihre Freunde um Hilfe

Charaktereigenschaften: freundlich, lebensfroh, ein wenig ängstlich.

Stimme: Gretl spricht hell, hoch, sanft und kindlich.

Die Großmutter

Figur: Eine Mutter haben unsere drei Freunde Kasperl, Seppl und Gretl nicht. Ihre Bezugsperson aus der Erwachsenenwelt ist die Großmutter. Sie kümmert sich fürsorglich und liebevoll um die drei und ist ständig in Sorge um ihr Wohlergehen. Kasperl, Seppl und Gretl lieben ihre Großmutter und vertrauen ihr Freud und Leid an. Außerdem halten sie ihre Großmutter hoch in Ehren, denn aus ihrer Küche duftet es immer viel versprechend. Leider hört und sieht die Großmutter nicht mehr gut.

Charaktereigenschaften: gutmütig, liebenswert, pflichtbewusst, fürsorglich, besorgt.

Stimme: Die Großmutter spricht mit zittriger, hoher, dünner Stimme.

Figur: Was wäre das Gute ohne seinen Widersacher – das Böse? Im Kasperltheater repräsentiert die Hexe das weibliche Böse. Sie ist für die Kinder Projektionsfläche für nicht erwünschtes Verhalten. Ihr Hexenhaus steht im Hexenwald, den sie auch als ihren Besitz betrachtet. Wehe dem, der dort ungefragt eindringt. Dem schleudert sie ihre gefürchtetste Waffe entgegen: die Hexerei. Ihr Handwerkszeug sind abwechselnd Hexenbesen, Zauberstab und Hexenbuch. Ihre übernatürlichen Zauberkräfte setzt sie arglistig ein, um Unfrieden zu stiften, um sich zu rächen oder um sich selbst zu bereichern. Leider durchkreuzen Kasperl und seine Freunde mit List ihre hinterhältigen Pläne.

Charaktereigenschaften: hinterlistig, eifersüchtig, nachtragend, falsch, gemein, habsüchtig, boshaft, zornig.

Stimme: Die Hexe spricht nicht, sie krächzt und kreischt schneidend schrill. Sie kichert ihr hinterhältiges »Hihihi«, wenn sie eine Gemeinheit ausheckt. Fühlt sie sich ungerecht behandelt, so ärgert sie sich lauthals und wirft mit Schimpfwörtern um sich.

Die Hexe

Figur: Der Zauberer ist eine magische, unnahbare Gestalt mit übernatürlichen Kräften. Er lebt zurückgezogen im Zauberschloss, studiert Zauberbücher und mischt geheimnisvoll qualmende Tinkturen. Diese Figur ist im Kasperltheater charakterlich nicht eindeutig festgelegt. Der Zauberer übernimmt manchmal die Rolle des hilfreichen Weisen, den auch unser Kasperl um Hilfe bittet. In manchen Stücken ist er aber auch hinterhältig und böse und setzt seine Zauberkräfte für eigennützige Ziele ein.

Charaktereigenschaften: streng, ernst, unnahbar, stolz, überheblich, Angst einflößend.

Stimme: Der Zauberer spricht mit tiefer, getragener und gestrenger Stimme.

Der Zauberer

Der Räuber

Figur: Der zweite männliche Bösewicht im Kasperltheater ist der Räuber. Im Gegensatz zum Zauberer besitzt dieser raue Waldschrat keine übernatürlichen Kräfte. Der Räuber haust einsam in seiner Räuberhöhle im Räuberwald und will dort in keinem Fall gestört werden. Manchmal ist ein lautes Schnarchen aus seiner Behausung zu hören. Wenn er wach ist, ist er stets auch hungrig. Seine Waffe ist das Messer, seine Lieblingsbeschäftigung das Stehlen. Das macht ihn zum allgemeinen Feindbild. Jeder meidet ihn, außer der Polizist, der will den Langfinger endlich hinter Schloss und Riegel bringen. Unser Freund Kasperl hat die Aufgabe dem Räuber seine Diebesbeute wieder abspenstig zu machen, um sie seinem rechtmäßigen Besitzer zurückzubringen.

Charaktereigenschaften: mürrisch, ungehobelt, griesgrämig, unzufrieden, habsüchtig, hinterhältig, einsam, einfältig.

Stimme: Der Räuber spricht mit tiefer, rauer Stimme, ungehobelt und bedrohlich. Er lacht ein ausfallend hämisches »Hohoho«, besonders, nachdem er Beute gemacht hat. Wenn ihm etwas misslingt, schimpft er ungezügelt drauf los und spart nicht mit allerlei Schimpfwörtern. Wenn er gute Laune hat, grölt er eines seiner wüsten Räuberlieder.

Der Polizist

Figur: Unseren Polizisten treffen wir nur im Laufschritt an. Wer für Sicherheit und Ordnung zu sorgen hat, hat es stets eilig. Sein Erzfeind ist der Räuber, den er endlich hinter Schloss und Riegel bringen will.

Charaktereigenschaften: streng, geradlinig, humorlos. Etwas schwer von Begriff und bei weitem nicht so gewieft wie unser Kasperl.

Stimme: Der Polizist spricht streng, zackig, abgehackt, barsch und laut. Er kann auch einen Sprachfehler haben.

Figur: Die Prinzessin lebt mit ihrem Vater, dem König, im Schloss. Sie hat Kasperl und seine Freunde in ihr Herz geschlossen und lädt sie immer wieder zu Feierlichkeiten in ihr Schloss ein. Wenn ihr Gefahr droht, ist Kasperl gleich zur Stelle. Und wenn die Prinzessin losheult, stürzt sich Kasperl für sie heldenhaft in jedes Abenteuer. Die Prinzessin selbst zieht nicht aus, um das »Böse« zu bekämpfen. Sie wartet lieber im Schloss.

Charaktereigenschaften: lieb, freundlich, nett, ruhig, zaghaft, zurückhaltend.

Stimme: Die Prinzessin spricht mit hoher, zarter Mädchenstimme, etwas gespreizt.

Die Prinzessin

Figur: Der König repräsentiert die weltliche Macht. Er wohnt mit seiner Tochter in einem prunkvollen Schloss. Als Würdenträger bewegt er sich majestätisch langsam. Er setzt sich für das Gute ein und belohnt jeden, der Gutes tut. In gleicher Weise können König Balthasar und der Nikolaus auftreten.

Charaktereigenschaften: vornehm, ehrwürdig, gütig, gerecht, wohlmeinend.

Stimme: Der König spricht mit tiefer, getragener Stimme, langsam und bedächtig.

Der König

Figur: Der Jäger ist der Hüter des Waldes. Er lebt alleine in seiner Waldhütte und kennt in seinem Revier jeden Baum und jedes Tier. Manchmal ist er hilfsbereit, manchmal will er lieber seine Ruhe haben.

Charaktereigenschaften: Der Charakter des Jägers ist je nach Stück verschieden: entweder ist er gutmütig und hilfsbereit oder mürrisch, alt und schwerhörig.

Stimme: Der Jäger spricht tief, mürrisch, abgehackt und streng.

Figur: Diese harmlose Tierfigur gehört zu Kasperls Freunden. Durch seine Einfältigkeit bringt sich das Krokodil oft in Schwierigkeiten. Zum Glück kommt Kasperl zu Hilfe und rettet »Kroko«. Das Krokodil lässt sich von seinen animalischen Trieben leiten: beschnüffeln, fressen, schlafen.

Charaktereigenschaften: einfältig, gutmütig, traurig.

Stimme: Das Krokodil spricht undeutlich und verschluckt einzelne Buchstaben, wie ein ausgeleiertes Tonband. Zwischendurch gibt es unverständliche Grunz- und Schmatzlaute von sich. Wenn unser Kroko einen neuen Gegenstand sieht, schnüffelt es zuerst daran.

Die Tierfiguren

In Ihrem Kasperltheater können Sie unterschiedliche Tiere auftreten lassen. Nehmen Sie, was Sie zu Hause haben und was Ihre Kinder lieben. Bauen Sie die Tiere einfach in eine passende Situation im Kasperlstück ein. Hier einige Beispiele:

- Kasperl trifft unterwegs ein Tier und erzählt ihm, was er vorhat.
- Kasperl fragt ein Tier nach dem Weg.
- Ein Tier tritt als Helfer und Ratgeber auf.
- Ein Tier lenkt den Seppl von seiner eigentlichen Aufgabe ab.
- Ein Tier, beispielsweise ein Rabe oder ein Drache, begleitet und beschützt einen Bösewicht.

In manchen Kasperl-Traditionen tritt ein Hund als treuer Begleiter unseres Helden Kasperl auf. Mit seiner feinen Nase und seiner Intelligenz findet dieser das Unauffindbare im Nu. Deshalb nimmt Kasperl seinen Hund gerne auf seine Abenteuer mit.

So begeistern Sie die Kinder für Ihr Spiel!

Kinder sind ein wunderbares Publikum. Mit roten Wangen und großen Augen folgen Sie begeistert den Geschehnissen auf der Bühne. Sie wollen immer dabei sein, auch wenn es in den finsteren Räuberwald geht. Deshalb ist es sehr wichtig, dass Sie die Kinder von Anfang an in Ihr Stück einbeziehen. Richten Sie situationsbezogene Fragen an Ihr Publikum, holen Sie die Meinung der Kinder ein, geben Sie ihnen Aufgaben, reagieren Sie auf Zurufe und nehmen Sie Ihr Publikum mit zu Ihrem nächsten Abenteuer. Damit das spontane Gespräch mit den Kindern klappt, sollten Sie möglichst frei sprechen und nicht am Text kleben.

So gelingen Interaktionen mit dem Publikum

- Zu Beginn begrüßt Kasperl die Kinder, verwickelt sie in ein Gespräch, stellt ihnen passende Fragen und schon sind alle mittendrin in der Handlung.
- Tritt eine neue Figur auf, begrüßt sie die Kinder.
- Jede Figur reagiert auf die ihr typische Weise auf Zurufe aus dem Publikum.
- Beim Szenenwechsel bittet Kasperl die Kinder, mitzukommen.
- Wenn es brenzlig wird, fragt Kasperl sein Publikum um Rat und weiht es in seine Pläne ein.
- Wenn der Räuber überlistet wird, helfen die Kinder dabei.
- Die kleinen Zuschauer wissen, was in Kasperls Abwesenheit vorgefallen ist und erzählen es ihm.
- Manchmal braucht es alle Kinderstimmen, um eine Figur auf die Bühne zu rufen.
- Das Publikum warnt Kasperl und seine Freunde vor Gefahren.
- Am Ende bedanken sich Kasperl und seine Freunde bei den kleinen Helfern.

Sie werden bald merken: Kinder lassen sich leicht in Fahrt bringen, schwieriger wird es, sie wieder zu beruhigen. Deshalb sollen die Interaktionen nie zu lange dauern. Kehren Sie nach kurzer Zeit wieder spielerisch zum Hauptstrang der Handlung zurück. Verlieren Sie Ihren roten Faden nie. Sonst verlieren sie bald die Aufmerksamkeit Ihres Publikums. Wenn es allzu laut wird, bittet Kasperl die Kinder: » Psst! Seid mal ganz leise, damit wir hören ...«

Was Kinder rund um das Kasperltheater sonst noch alles tun wollen

- Ihre Kinder wollen schon bei den Vorbereitungen dabei sein: Bühne aufstellen, Requisiten basteln, Einladungen schreiben.
- Größere Kinder wollen die Geräuschkulisse oder die Beleuchtung übernehmen, manchmal auch eine einfache Rolle.
- Kinder wollen nach dem Kasperltheater selbst mit den Puppen weiterspielen. Unterstützen Sie die Kinder dabei.

So improvisieren Sie ohne Textvorlage!

Braucht es überhaupt einen Text, eine fortlaufende Handlung, ein komplettes Stück? Wenn Kleinkinder bis zu ca. drei Jahren noch keiner komplizierten Handlung folgen oder komplexe Zusammenhänge erfassen können, brauchen Sie weder Bühne noch Stück. Auch wenn Sie zu Hause im Familienkreis spielen, können Sie ohne Textvorlage improvisieren. Aber wie geht das?

Eine Geschichte entsteht

Schlüpfen Sie einfach in Ihre Kasperlpuppe, begrüßen Sie die Kinder und kommen Sie mit ihnen ins Gespräch. Greifen Sie ein Thema auf, das sich aus der unmittelbaren Situation ergibt oder in die Erfahrungswelt Ihrer Kinder passt. Daraus kann sich schnell eine fiktive Geschichte entwickeln. Die Kasperlpuppe und Ihre Kinder sind dabei die Hauptpersonen, das gesamte Zimmer ist die Bühne. Weitere Figuren und umliegende Gegenstände können Sie ins Spiel einbauen. Wenn die Handlung ins Stocken gerät, so lassen Sie die Kinder Vorschläge bringen, wie es weitergehen soll. Und irgendwann ist der Kasperl wieder müde, oder er muss schnell zur Großmutter laufen. Er verabschiedet sich von den Kindern und verschwindet wieder in seiner Puppenkiste.

Kasperl als treuer Begleiter

Das Stegreifspiel kann spontan entstehen oder Sie bauen es als Ritual in den Tagesablauf ein: Dann begleitet Kasperl die Kinder beim Zähneputzen und lässt sich von ihnen zeigen, wie man das richtig bewerkstelligt. Oder er hilft den Kindern beim Ausziehen und wünscht ihnen eine gute Nacht. Wenn Kleinkinder mit ihrem Kasperl erst einmal vertraut sind, dann teilen sie ihm ihre Erlebisse und Erfahrungen mit, weihen ihn in ihren Kummer ein und lassen sich von ihm trösten. Dann fühlt Kasperl mit den Kindern mit, denn zufällig ist ihm genau dasselbe widerfahren. Er erzählt von seinen Erlebnissen und davon, wie er sich auf lustige Weise vom Kummer befreit hat.

Sie können Kasperlpuppen auch im therapeutischen Bereich einsetzen, indem Sie verschiedene Facetten der Seele, der Gefühle und der Beziehungen darstellen.

Situationsbezogene Kasperl-Improvisationen können Sie als Erzieherin in der Spielgruppe oder im Kindergarten einsetzen.

Kasperl erzählt bekannte Märchen und alte Sagen

Haben Sie keinen Text zur Hand, können Sie bekannte Märchen, Sagen und Legenden nachspielen. Versuchen Sie es mit Rotkäppchen, Hänsel und Gretel, Dornröschen, St. Martin oder dem hl. Nikolaus. Der Kasperl tritt als Erzähler oder Conferencier vor, zwischen und nach den Akten auf. Aber mit welchen Puppen stellen Sie all die Märchenfiguren dar? Funktionieren Sie einfach vorhandene Puppen um: Aus Seppl wird Hänsel, aus Gretl das Rotkäppchen, aus dem Jäger der hl. Martin.

PROFI-TIPP

- Kasperl nimmt die Position der Kinder ein, denn er ist selbst ein Kind.
- Kasperl schimpft niemals mit seinen kleinen Freunden.
- Kasperl ist niemals belehrend oder besserwisserisch.
- Kasperl stellt den Kindern Fragen, denn oft ist er hilflos.
- Kasperl staunt über Unbekanntes und lässt es sich von den Kindern erklären.
- Kasperl ist ein Spaßvogel, der alles verkehrt macht.
- Kasperl lässt sich von den Kindern helfen und bittet sie um Rat.
- Kasperl führt Alltagsgegenstände vor.
- Kasperl tröstet bei Enttäuschungen und Krankheit, denn er hat genau dasselbe erlebt.
- Kasperl entdeckt mit den Kindern Neues und Wissenswertes.

So gehen Sie richtig mit dem Text um!

Ob Geburtstag, Kinderfest oder Familienfeier, ein Kasperltheater ist immer ein Höhepunkt. Ihr Kasperlstück soll ca. 15–30 Minuten dauern, denn so lange reicht auch die Aufmerksamkeit der Kinder. 11 publikumswirksame Stücke für ein bis zwei Spieler finden Sie in den nächsten Kapiteln. Aber wie gehen Sie mit der Textvorlage richtig um?

Wählen Sie das Stück aus und passen Sie den Text an

Wählen Sie ein Kasperlstück aus dem Buch und lesen Sie es in Ruhe durch. Passen Sie das Stück ungeniert an Ihre Gegebenheiten an: Ändern Sie den Spielanlass. Bauen Sie bekannte Namen, Lieder, Orte und Ereignisse aus der Erfahrungswelt Ihres Publikums ein. Streichen Sie Nebenrollen, fügen Sie neue hinzu oder ersetzen Sie fehlende Figuren durch passende aus Ihrer Puppenkiste.

Regieanweisungen helfen Ihnen

In Klammern und kursiv geschriebene Anmerkungen sind nur für die Spieler bestimmt. Diese Regieanweisungen geben Ihnen Auskunft über Handlungsverlauf und Puppenführung, über Auf- und Abtritte und über die jeweilige Stimmung der Figuren. Falls Sie mit improvisierter Spontanbühne spielen, überspringen Sie die Hinweise bezüglich Vorhang und Kulissen. Spricht eine Figur aus dem *Off*, bedeutet das, dass die Figur nicht auf der Bühne zu sehen ist.

So studieren Sie die Rollen ein

Wenn Sie zu zweit spielen, teilen Sie nun die Rollen untereinander auf. Jeder streicht seine Rollen in einer eigenen Leuchtstiftfarbe an. Lesen Sie Ihre Rollen einige Male durch, am besten laut, bis Sie den Handlungsablauf gespeichert haben. Sie brauchen nicht den ganzen Text auswendig zu lernen. Nur Redewendungen, Versprecher, Schimpfwörter, Lieder und Reime sollten Sie wörtlich wiedergeben.

Wie oft proben?

Machen Sie mindestens eine Hauptprobe und eine durchlaufende Generalprobe mit Ihrem Spielpartner. Dafür kleben Sie die Textvorlage für beide Spieler gut sichtbar auf die Bühnen-Innenseite unter die Spielleiste. Bei der Aufführung brauchen Sie nicht strikt abzulesen – aber die Textvorlage gibt Ihnen Sicherheit, falls Sie nicht mehr weiter wissen!

Nur für Profis

Wenn Sie schon mindestens zehn Kasperle-Aufführungen erfolgreich hinter sich haben, dann trauen Sie sich doch, frei zu sprechen – ohne Textvorlage. Für das freie Sprechen gibt es fünf gute Gründe:

- Sie sprechen flüssiger, Sprachduktus und Stimmführung entsprechen der natürlichen, gesprochenen Sprache.
- Sie können in dieselbe Richtung sprechen, wie Ihre Puppen, nämlich nach vorne, zum Publikum. Beim Ablesen haben Sie den Kopf ständig nach unten gerichtet.
- Die improvisierte Interaktion mit den Kindern gelingt besser: Sie können auf Zurufe reagieren, den Kindern Fragen stellen, sie zur Ruhe auffordern.
- Sie haben die Puppenführung stets im Auge. Beim sturen Ablesen kann es passieren, dass Ihre Figuren plötzlich erstarren oder unnatürlich hin und her hopsen.
- Sie können besser auf Ihren Spielpartner reagieren. Lässt dieser eine Textstelle aus, überspringen Sie die Ihre. Macht er eine situationsbezogene Zusatzbemerkung, können Sie darauf reagieren.

So gestalten Sie Anfang und Ende!

Im Kasperltheater sind Anfang und Ende ritualisiert. Zusammen bilden sie einen fixen, wiederkehrenden Rahmen, der den Kindern mit der Zeit vertraut wird und der sie, wie von Zauberhand in Kasperls Welt, hinein- und auch wieder herausführt.

Anfang

Sobald Sie als Spieler alle Vorbereitungen getroffen haben (siehe Checkliste in der hinteren Umschlagklappe), schließen Sie den Bühnenvorhang und bitten Sie die Kinder in den »Theatersaal«. Ein Erwachsener oder ein größeres Kind begrüßt das Publikum und kündigt das Stück an. Im kleinen Kreis läutet ein feines Glöckchen den Beginn ein. Dann: Türen schließen, Saallichter aus und Bühnenbeleuchtung ein!

Das Stück eröffnet immer unser Held, der Kasperl. Das macht er auf unterschiedliche Weise:

- Hat Ihre Bühne einen Vorhang, so öffnet sich dieser magisch und Kasperl tritt freudig trällernd von der Seite auf und gibt sein bekanntes Kasperllied zum Besten: »Tri, tra, trallala, tri, tra, trallala, der Kasperl, der ist wieder da!« (Noten siehe S. 32). Dann will er sofort wissen, ob sein Publikum auch vollzählig erschienen ist: »Hallo liebe Kinder, seid ihr alle da? ...«.
- Manchmal beginnt Kasperl auch schon hinter der Bühne mit dem Kasperllied.
- Ist der Vorhang noch geschlossen, zwängt sich unser Held einfach mittendurch und begrüßt die Kinder. Den Vorhang öffnet Kasperl dann später mit Hilfe der Kinder und einem mehrmaligen, kräftigen »Hau ruck!«.
- Falls sich der Kasperl verspätet und gar nicht auf die Bühne will – weil Sie hinter der Bühne noch mit Vorbereitungen herumwursteln – kann ein Erwachsener die Kinder auffordern, den Kasperl ganz laut zu rufen. Oder Sie stellen den Kindern aus dem *Off* Fragen: »Sind denn überhaupt schon Kinder da?« Oder »Wollen die Kinder denn überhaupt ein Kasperltheater sehen?«

Nachdem Kasperl aufgetreten ist und die Kinder begrüßt hat, kommt er gleich mit ihnen ins Gespräch und führt sie in die Handlung ein. Der weitere Verlauf ist dann vom jeweiligen Stück abhängig.

Ende

In jedem Kasperlstück gibt es ein Happy End. Der Kasperl siegt immer und mit ihm das Gute. Die bösen Mächte und Halunken sind in ihre Schranken gewiesen oder haben hoch und heilig versprochen, sich zu bessern. Die Schlussszene bilden immer Kasperl und seine Freunde. Sie freuen sich, dass alles gut ausgegangen ist und bedanken sich bei den Kindern für ihre Hilfe. Dann verabschieden sie sich von ihrem Publikum, indem sie sich nebeneinander aufstellen, an den Händen fassen und mit der freien Hand winken. Nachdem sie fröhlich abgegangen sind, schließt sich der Vorhang – sofern einer vorhanden ist – und die Saallichter gehen wieder an.

So helfen Sie sich aus schwierigen Situationen!

Pannen sind kein Unglück, solange Sie kein Unglück daraus machen. Bauen Sie Pannen und Störungen einfach in Ihr Spiel mit ein: mit lockeren Sprüchen oder verdattertem Ausdruck. Dann haben alle eine Menge Spaß daran. Hier die häufigsten Spieler-Notrufe und die richtige Pannenhilfe dazu:

Hilfe, ich habe mich verhaspelt und versprochen!

Lassen Sie Ihre Figur sagen: »Vor lauter Aufregung bringe ich alles durcheinander« oder:

Eine andere Figur auf der Bühne macht sich über den Versprecher lustig. »Kinder, habt ihr gehört, was der Seppl gesagt hat. Ich glaube, der Seppl ist noch nicht ganz wach.«

Hilfe, ich weiß nicht mehr weiter! Ich habe den Text vergessen!

Ihre Figur beginnt zu stottern und fragt die Kinder oder eine andere Figur auf der Bühne um Rat: »Ähh, öhh, jetzt weiß ich nicht mehr weiter ... Kinder was wollte ich jetzt sagen/tun? ...« oder:

Eine andere Figur auf der Bühne wundert sich und hilft Ihnen weiter: »Warum sagst du nichts? Du wolltest doch ...«

Hilfe, mein Stegreifspiel stockt? Mir fällt keine Handlung mehr ein!

Fragen Sie die Kinder, wie es weitergehen soll, und was der Kasperl jetzt tun könnte.

Hilfe, die Requisiten sind von der Bühne gestürzt!

Lassen Sie Ihre Figur erschrecken und sagen: »Huch, der Kuchen hat ja Beine bekommen! Kinder, habt ihr gesehen, wo der Kuchen hinspaziert ist?« Die Kinder finden dann den Kuchen und ein Kind darf ihn zurückgeben.

Hilfe, die Puppe ist mir aus der Hand gefallen!

Lassen Sie Ihre Figur um Hilfe rufen: »Hilfe, Kinder, ich bin abgestürzt. Kinder, bitte helft mir wieder auf die Bühne!« Sobald die Puppe wieder auf der Bühne und in festen Händen ist, brummt ihr erst einmal richtig der Kopf oder:

Eine andere Figur auf der Bühne wundert sich: »Huch! Der Seppl macht heute einen Tauchkurs.« oder: »Der hat es aber eilig zu verschwinden ...«

Hilfe, die Bühne stürzt ein!

Ihre Figur erschrickt: »Hilfe Erdbeben. Kinder, ein Erdbeben hat die Bühne umgeworfen. Seid ihr verletzt, Kinder?« oder:

»Hilfe, die Bühne fällt um! Da hat bestimmt die böse Hexe ihre Hand im Spiel!« In der Zwischenzeit ist die Bühne mit vereinten Kräften wieder hochgestemmt. Dann vergewissert sich die Figur noch, ob alle heil sind.

Hilfe, im Publikum wird es unruhig!

Ihre Puppe ermuntert die Kinder auf liebevolle Weise zur Ruhe: »Kinder, seid mal ganz leise, ich glaube, ich habe etwas gehört« oder:

»Psst, ich glaube, der Räuber kommt.«

Wenn Erwachsene der Grund des Übels sind, direkt ansprechen. »Hallo, ihr großen Kinder da hinten! Seid mal ganz leise, damit wir alle hören, was passiert!«

Hilfe, die Kinder reagieren nicht auf Fragen!

Wenn Kinder noch nie ein Kasperltheater miterlebt haben, wenn die Umgebung ungewohnt ist oder wenn sie noch Zeit zum »Auftauen« brauchen, reagieren sie nicht mit Worten. Das merkt der Kasperl bereits bei der Begrüßung. Dann versucht er es noch einmal: »Oh, sind heute die lieben Kinder gar nicht da? Ich versuche es noch einmal! Kinder, seid ihr alle da?« oder:

»Wie bitte, ich habe gar nichts gehört – aber sehen tue ich euch ... Ich probiere es noch einmal ...« oder:

»Kinder, was habt ihr gesagt, ich höre heute so schlecht.«

Wenn Kasperl die Kinder um Rat bittet, aber nur Schweigen zurückbekommt, dann bietet unser Held selbst einen Vorschlag an und fragt die Kinder, was sie davon halten.

Hilfe, ein Kind beginnt zu weinen!

Ein Kind fällt vom Stuhl, zwei Kinder beginnen zu zanken, ein Kind bekommt Angst – es wird laut, jemand beginnt zu weinen und schon ist es mit der Aufmerksamkeit vorbei. Damit müssen Sie rechnen! In diesem Fall steigt die agierende Figur aus der Handlung aus und spricht dem Kind von der Bühne aus Trost zu. Dann ruft sie einen Erwachsenen zu Hilfe, der das Kind betreut. So können Sie baldmöglichst mit der Handlung fortfahren.

Hilfe, ein Scheinwerfer fällt um oder aus!

Lassen Sie Ihre Figur sagen: »Huch, warum ist es plötzlich so finster? Hilfe, eine Sonnenfinsternis. Sonne, bitte komm ganz schnell wieder hervor, damit ich den Kasperl sehe.« oder:

Bitten Sie die Kinder um Hilfe. »Kinder, kann jemand von euch die Sonne wieder hervorzaubern?« In der Zwischenzeit hat ein Freiwilliger bestimmt schon wieder für das nötige Licht gesorgt.

Hilfe, ich habe die Sprechstimmen vertauscht!

Wenn Sie in verschiedene Rollen schlüpfen, kann es leicht vorkommen, dass Sie die Sprechstimmen vertauschen. Sobald Sie den Fauxpas bemerken, schalten Sie in die richtige Sprechstimme um und sprechen Sie kommentarlos weiter. Bewegen Sie die sprechende Puppe ein wenig, damit das Publikum klar erkennt, wer hier gerade spricht.

Eins, zwei, drei, Bühne frei! Die Vorbereitungen

Ihre Bühne

Die improvisierte Spontan-Bühne

Eine professionelle Kasperlbühne können Sie selbst bauen oder in verschiedenen Preisklassen käuflich erwerben. Aber was, wenn Sie kein geschicktes Händchen haben, um sich die perfekte Kasperlbühne selbst zu zimmern? Und was, wenn Sie kein übriges Geld haben, um sich die perfekte Kasperlbühne selbst zu kaufen? Macht nichts, denn Sie haben sicherlich:

1 große Decke und dazu

- 2 Stühle mit Rückenlehen.

Nein? Dann haben Sie sicher:

- 1 Sofalehne.

Nein? Dann geht auch:

- 1 seitlich gekippter Tisch (Achtung Tischschubladen).

Wie, auch nicht? Gut, dann genügt:

- 1 Balkonfenster (bei Minustemperaturen allerdings nur für Hartgesottene zu empfehlen).

Und wenn alle Stricke reißen, nehmen Sie einfach einen Strick:

- 2 m Seil

Also, das reicht schon. Decke bodenlang über eine der obgenannten Ausstattungen werfen und fertig ist Ihre Kasperlbühne. Sie haben auf einfache Weise einen waagrechten Bühnenrand – auch Spielleiste genannt – gezaubert, an der Ihre Puppen ein heiteres Stück vorführen können. Die Spielleiste soll mindestens 80 cm breit und nur wenige Zentimeter tief sein. Die optimale Höhe der Spielleiste liegt zwischen 90–120 cm. So ist Kasperl im richtigen Blickkontakt mit seinem Publikum. Hinter Ihrer Bühne sollen Sie als Spieler in aufrechter Haltung bequem knien oder sitzen können. Ihren Spielarm sollen Sie locker nach oben halten können, ohne nach kurzer Zeit Muskelkrämpfe zu bekommen. Ihr kluges Köpfchen und Ihre zarten Füße sind sicherlich sehr ansehnlich, aber keine geeigneten Requisiten – hinter die Bühne damit.

PROFI-TIPP

- Stellen Sie Ihre »Stuhl-Bühne« in einen Türrahmen, dann haben Sie einen nach allen Seiten abgeschlossenen Bühnenraum.
- Falls Hundertschaften von Kindern Ihrem Spiel folgen wollen, passen Sie den Bühnenrand nach oben an und spielen Sie im Stehen. Dann haben auch die hinteren Ränge die Bühne gut im Blick.
- Für das Freilufttheater spannen Sie ein Seil straff um zwei nahestehende Bäume. Fixieren Sie die Decke mit Wäscheklammern, damit sie nicht davon flattert.
- 1- bis 3-Jährige wollen gar nicht, dass Mami oder Papi hinter einer Decke verschwinden. Sie brauchen gar keine Bühne. Einfach mit der Hand in die Puppen schlüpfen und auf geht's in die Märchenwelt.

Die richtige Ablage für Ihre Requisiten

Wohin mit Sack, Teller, Schatztruhe und all den wichtigen Gegenständen, die im Mittelpunkt von Kasperls Abenteuer stehen? Die wollen abgestellt und zurückgelassen werden, damit ein böser Räuber sie auch entwenden kann. Eine stabile Ablage ist wohl das wichtigste und unverzichtbarste Utensil jeder Kasperlbühne.

Wenn zwei Stühle oder eine Sofalehne Ihre Bühne sind, dann stellen Sie einen umgekehrten Eimer auf eine der zwei Sitzflächen, möglichst in gleicher Höhe wie die Rückenlehne. Verstecken Sie auch den Eimer unter der Decke und Kasperl kann darauf bequem seine Habseligkeiten abstellen.

Ist das Balkonfenster Ihre Bühne? So bietet sich das Fensterbrett ideal als Ablage an.

Ihre Kulisse

Der Hintergrund

Ihre bunten Bücherregale mag Kasperl gar nicht als Hintergrund. Auch keine offenen Fenster, weil sich unser Wicht leicht verkühlt!!! Kasperl spielt auch nicht gerne vor Gemälden von Picasso, die womöglich mehr Aufmerksamkeit erwecken, als Kasperl selbst. Kasperl will im Mittelpunkt stehen – voll und ganz. Deshalb am besten einen großflächigen, neutralen, einfärbigen, möglichst dunklen und glatten Hintergrund wählen z.B.:

- eine weiße Wand
- eine dunkle Wand
- einen geschlossenen Schrank
- eine geschlossene Tür
- eine spanische Wand (= einen deutschen Wandschirm = einen französischen Paravent)

Und wenn es als Hintergrund doch das gut gefüllte Bücherregal sein muss, dann verhängen Sie es einfach mit einer dunklen Decke.

Hintergrundbilder?

Fangen Sie zu Hause nicht an, Hintergrundbilder zu malen und dann während des Stücks auszuwechseln. Unsere improvisierte Bühne hat keinen Vorhang – und Hintergrundbilder sind zwar schön aber vollkommen überflüssig. Kinder haben genügend Fantasie, um sich Großmutters trautes Heim und Räubers finsteren Wald lebhaft vorzustellen. Ignorieren Sie einfach entsprechende Regieanweisungen in den Kasperlstücken. Diese richten sich an jene Glücklichen mit Profibühne samt Vorhang und Wechselkulissen.

Der Vordergrund

Machen Sie lieber Stimmung im Vordergrund. Unterstreichen Sie die unterschiedlichen Szenen mit verschieden farbigen Tüchern oder Decken, welche Sie über den Bühnenrand hängen. Diese sind Ruck Zuck ausgewechselt und regen die Fantasie der Kinder an. Jeder Schauplatz bekommt ein Tuch in der passenden Farbe.

Großmutters Haus: gelb, orange

Blumenwiese: bunt

Räuber- oder Hexenwald: dunkelgrün, schwarz

Fest: rot

Entlang der Spielleiste können Sie Kulissen festmachen: Zweige stilisieren den Räuberwald und dienen dem Kasperl als Versteck. Seidenblumen deuten die Blumenwiese an, zwei Luftballone oder eine Girlande ein Fest. Befestigen Sie Ihre Kulissen mit Wäscheklammern, Stecknadeln oder einem breiten Klebeband. Der Szenenwechsel muss blitzschnell erfolgen, Ihr kleines Publikum ist nicht recht geduldig.

PROFI-TIPP

- Pausenmusik verkürzt die Wartezeit zwischen den Akten.

Ihre Handpuppen

Unsere Hauptdarsteller sind: Kasperl, Seppl, Gretl, Großmutter, Hexe, Räuber, Prinzessin und König. In den Nebenrollen spielen mit: Zauberer, Polizist, Jäger und das grüne Krokodil. Halt! Fangen Sie jetzt nicht mit dem Gejammere an, von wegen Kasperlpuppen seien viel zu teuer. Erstens haben Sie Recht und zweitens gibt es noch viele Weihnachten und viele Geburtstage, zu denen man Sie und Ihre Kinder beschenken will. Und drittens – ja, drittens haben Sie überhaupt nicht Recht. Fangen wir mit den Kasperlpuppen ganz einfach an, am besten mit einem Minimal-Sortiment: Kasperl und ein Widersacher aus dem Reich des Bösen (Hexe oder Räuber). Als Anfänger haben Sie mit zwei Puppen schon alle Hände und alle Stimmbänder voll zu tun. Wenn es trotz schmalem Haushaltsbudget mehr Puppen werden sollen, geht das ganz einfach.

Finger-Puppen

Ja, Ihre eigenen Finger sind gemeint. Ihre Finger und Hände haben Sie immer griffbereit und die verwandeln sich für die ganz Kleinen schnell in Kasperl & Co. Einfach Gesichter auf die Fingerkuppen malen. Dem Kasperl können Sie auch ein rotes Papierhütchen aufsetzen. Mit den Zeigefingern spielt es sich am leichtesten!

Kochlöffel-Puppen

Malen Sie einem Kochlöffel ein passendes Gesicht auf. Haare aus Wolle aufkleben, Kleid, Hut und Schnickschnacks aus Stoffresten, Krepppapier und Schnickschnacks anfertigen. Eine einfache Alternative zum Kochlöffel ist ein weißer, starker Karton. Schneiden Sie einen Kreis mit acht cm Durchmesser aus und kleben Sie einen ca. 30 cm langen Holzstab oder einen Schaschlikspieß auf die Rückseite. Nun gestalten Sie Gesicht, Haare und Schnickschnacks, wie oben beschrieben.

Knotenpuppen

Nehmen Sie Ihren besten Schal (!) oder ein anderes Stück Stoff (mind. 130 x 40 cm), aus weicher Baumwolle oder Seide. Knöpfen Sie an einer Breitseite zu beiden Ecken und in der Mitte je einen Knoten in Ihr Textil. Nun fahren Sie mit Daumen, Zeigefinger und Mittelfinger (auch kleinen Finger) in je einen Knoten. Na – wer schaut Ihnen da entgegen?
Tipp: Ihr Zeigefinger kann herausschauen und auch ein Gesicht aufgemalt bekommen.

Sonderfiguren leicht gemacht

Das Krokodil: Aus einer frisch gewaschenen, großen, grünen Socke zaubern Sie leicht ein Krokodil. Schlüpfen Sie mit einer Hand hinein, spreizen Sie die Sohle und legen Sie diese auf ein Stück knallroten Filz. Sohlenform auf den Filz aufmalen, ausschneiden und mit einem weißen Wollfaden im Knopfloch-Stich auf die Sohle nähen. Nüstern aus schwarzem Filz ausschneiden und aufkleben. Das Tüpfelchen auf dem Krokodil-i ist ein buntes Haarbüschel aus Wollfäden oberhalb der Wackelaugen.

Das Gespenst: Nehmen Sie ein weißes Leintuch. Schneiden Sie ein Stück der Größe 70 x 70 cm zurecht und breiten Sie es vor sich aus. Legen Sie einen Faust großen Watteballen in die Stoffmitte, ummanteln Sie ihn mit Ihrem Leintuchstück und binden Sie ihn mit einem reißfesten Faden ab. Dabei kleben Sie in die Halsöffnung ein 5 cm langes Kartonröhrchen für den Zeigefinger. Malen Sie Ihrem Gespenst mit einem wasserfesten schwarzen Filzstift ein gruseliges Gesicht auf. Den herunterhängenden Stoff einschneiden und ausfransen und – huhuuuuuu, schon beginnt der Spuk.

PROFI-TIPP

- Verzweifeln Sie nicht, wenn Ihnen eine Puppe für Ihr Lieblingsstück fehlt. Puppen sind Verwandlungskünstler. Brauchen Sie einen Jäger, so setzen Sie dem Räuber einfach einen grünen Filzhut auf und werfen ihm dann einen grünen Umhang über das verlotterte Räubergewand.
- Drachen und Krokodile sind aus demselben Holz geschnitzt. Natürlich fühlt sich der Drache mehr in seinem Element, wenn er zusätzlich ein paar Zacken auf den Rücken bekommt. Flügel sind für ihn das Nonplusultra.
- Der Gretl setzen Sie ein Krönchen aus Goldfolie auf und ummanteln sie mit einem wertvollen Glitzerumhang und mit einem Schlag wird sie in den Adelsstand erhoben und mit Prinzessin angesprochen.

Ihre Requisiten

Auch wer hinten sitzt, soll alles sehen. Deshalb sämtliche Requisiten im Vergleich zu den Puppen überdimensional groß wählen. So sind sie bühnenwirksam und ihre Bedeutung wird sichtbar.

Groß – größer – am größten!

Nehmen Sie einen richtigen Hammer aus der Werkzeugkiste, eine große Schaufel aus dem Sandkasten, eine richtige Taschenlampe. Wichtig ist, dass Ihre Puppen die Gegenstände noch halten können, ohne sich dabei selbst völlig zu verdecken. Flache Gegenstände, wie z.B. ein Teller mit zwei Keksen sind nicht gut zu erkennen. Gewinnen Sie an Höhe und spendieren Sie einen ordentlichen Kekshaufen. Kleben Sie die Kekse fest, um sie vor einer Bruchlandung zu bewahren!

Attrappe aus Pappe!

Haben Sie die passenden Requisiten nicht im Original, können Sie diese auch auf festem Karton aufmalen und ausschneiden. Befestigen Sie auf der Rückseite einen Holzstab, einen Kochlöffel oder einen stabilen Pappstreifen und lassen Sie diesen auf der Unterseite ca. 20 cm vorschauen. Damit können Sie Ihren Gegenstand problemlos führen. Blume, Pilz oder Baum sind hiermit schnell gezaubert. Auch Großmutters Haustür lässt sich nachbauen. Der Holzstab wird am Kartonturrand befestigt und dient als Türangel. Und wenn unser Kasperl 3-mal klopft, dann öffnen Sie natürlich.

Her und weg damit!

Öffnet eine Puppe eine Truhe, einen Rucksack oder ein Paket, um etwas herauszuholen, so tut sie das mit ihren fingerlosen Händen nicht wirklich. Sie beugt sich darüber, während sie den gewünschten Gegenstand unauffällig von hinter der Bühne gereicht bekommt. Die Hexe zaubert auf gleiche Weise Gegenstände herbei und lässt sie wieder verschwinden.

PROFI-TIPP

- Ihr Publikum will verzaubert werden. Deshalb gestalten Sie die Requisiten optisch ansprechend: Das Hexenbuch und den Zauberstab in Gold- oder Alufolie verpacken. Das Nikolaussäckchen aus rotem Cellophan bekommt eine Goldmasche. Beim Anblick des Osterkuchens soll den Kindern das Wasser im Mund zusammenrinnen. Auch das Geburtstagsgeschenk will schön verpackt sein.

Ihre Beleuchtung

Rücken Sie Ihre Kasperlbühne ins richtige Licht: Zuschauerraum so dunkel wie möglich, Bühne so hell wie möglich. Mit einer optimalen Lichtlenkung lenken Sie auch die Aufmerksamkeit Ihrer Zuschauer in Richtung Bühne. Dann wird das Spiel zum Kinderspiel!

Am besten holen Sie Ihre Schreibtischlampe aus dem Büro. Wenn Sie zwei Stück bei der Hand haben – besser. Wenn die Lampen einen verstellbaren Schwenkarm haben – noch besser. Wenn Sie im Besitz von verstellbaren Strahlerlampen sind – am allerbesten. Nun stellen Sie die Lampen links und rechts vor der Bühne auf, sodass die Puppen seitlich von oben beleuchtet werden. Die Schatten der Figuren fallen somit nach unten und verdecken die anderen Puppen nicht. Gehen Sie ruhig nahe an die Bühne dran!

Zwei Mal Achtung!

- Achtung auf die Kabelsalat-Stolpersteine!
- Achtung, dass die Beleuchtung Sie als Spieler nicht blendet!

PROFI-TiPP

- Heuern Sie einen eigenen Lichttechniker an: Ihren Partner, einen Erwachsenen aus dem Publikum oder ein größeres Kind.
- Denken Sie an ausreichend Verlängerungskabel.
- Nutzen Sie das gezielte Black-out: Betreten Kasperl und Seppl den Räuberwald, kann es für einen kurzen Moment völlig finster sein. Die Spannung wächst dann ins Unermessliche.
- Wenn Sie die Bühne von unten bestrahlen, erscheinen die Figuren gleich ganz gruselig.

Ihre Geräuschkulisse

Kinder haben feinste Antennen für Musik, besonders für Gesungenes, dann werden sie ganz leise und andächtig. Nutzen Sie dies in Ihrem Puppentheater und steigern Sie damit die Spannung.

Lieder, Reime und Gegröle

Zu Beginn jedes Stückes erklingt ein feines Glöckchen. Dann tritt der Kasperl auf und begrüßt die Kinder mit dem immer gleichen Kasperllied. (Noten siehe
1 S. 32). Manch einem Kasperl kommt eher ein trullala oder ein trillala über die Lippen. Sei es drum, wichtig ist die rituelle Wiederkehr des immer gleichen Liedes. Spätestens zu diesem Zeitpunkt haben auch die hintersten Plätze verstanden, dass es jetzt losgeht.

Auch während des Stückes treten Kasperl und seine Freunde singend auf und ab. Sie tun das mit Vorliebe auf die Melodie bekannter Volkslieder und reimen dazu nach Lust und Laune. (Die Noten zu unseren Liedern finden Sie von S. 32 bis 36).

Verlassen unsere Helden die Bühne Richtung
Räuber- oder Hexenwald, dann singen Sie sich 2
mantraartig Mut zu: (Noten siehe S. 32).

Falls Ihr Kasperl überhaupt nicht singen kann, dann reimt er eben ohne Melodie. Der Räuber darf so falsch singen, wie er will. Bei ihm lautet die Devise, je lauter und falscher, desto besser ...

Wenn es spannend wird ...

Spannende Momente untermalen Sie mit Trommelschlägen beispielsweise, wenn sich das Krokodil den Koffer schnappt.

Treten unsere Bösewichter in Erscheinung, tun sie das gerne mit einem Donnerknall oder einem schrillen Geräusch. Ihr Abgang erfolgt auf gleiche Weise. Trommel, Tröte oder Kochtopf sind die passenden Instrumente dazu.

Magische Gestalten wie der Nikolaus oder König Balthasar kündigen sich mit feinen Tönen auf dem Glockenspiel an. Haben Sie dies nicht zur Hand, bringen Sie mit einem Löffel ein Glas zum Klingen. Dasselbe gilt für magische Momente wie einem unvorhergesehenen Schneefall.

Wenn die Hexe zaubert, beginnt im Hintergrund ein unheimliches Geräusch anzuschwellen, das sich steigert und am Ende des Zauberspruchs in einen lauten Knall oder Schlag mündet.

Mit Pausenmusik wartet es sich schneller!

Wenn Sie die Kulisse zwischen zwei Szenen umbauen, halten Sie Ihr Publikum bei Laune: mit einem kurzen Intermezzo auf Blockflöte, Mundharmonika oder einfach aus dem Äther. Oder lassen Sie die abgetretene Figur aus dem *Off* weiterspielen: Trällern Sie hinter der Bühne ein Liedchen oder plaudern Sie einfach weiter. Hier gilt die Devise: die Pause nur so kurz wie nötig.

Ihr Instrumentarium für die Geräuschkulisse stellen Sie sich aus Küche und Kinderzimmer zusammen:

Diese Instrumente finden Sie in der Küche

- 2 Topfdeckel zusammenschlagen
- Glas mit einem Löffel zum Klingen bringen
- Kochtopf mit Kochlöffel bearbeiten
- Nudelpackung schütteln
- Schlüsselbund rasseln
- Schneebesen im Topf rühren

Diese Instrumente finden Sie im Kinderzimmer

- Rassel
- Trommel
- Triangel
- Glöckchen
- Glockenspiel
- Tröte
- Mundharmonika

Und dafür ist Ihre Kehle das beste Instrument

- Heulen
- Krähen
- Rascheln und Zischen
- Lieder
- Reime

Ihr Zuschauerraum

Damit die Kinder alles genau mitbekommen, hier ein paar Tipps zur Sitzordnung:

- Kleine vorne, Große hinten.
- Alle auf einen Haufen und eng beieinander, das lieben die Kinder.
- Auf Polstern und Matten am Boden, auf Stühlen, Bänken, Sofas und Tischen.
- Stuhlreihen versetzt aufstellen, damit sich die Kinderköpfe nicht gegenseitig verdecken.
- Sitzgelegenheiten bis maximal 45 Grad seitlich der Bühne aufstellen, damit alle Kinder den gesamten Bühnenraum überschauen können.

Pssst ... gleich geht es los! Das Psst gilt vor allem den quasselnden Eltern ganz hinten. Platz nehmen, Handys aus und Mund und Türen zu.

PROFI-TIPP

- Ältere Kinder sind gerne als Tontechniker behilflich. Wichtig ist, dass Sie die Einsätze mit Ihren Gehilfen vorher gut proben.
- Wenn Sie als Alleinunterhalter auftreten, dann bleiben die Stimmbänder Ihr Hauptinstrument.

1 Tri tra trallala

2 Wir gehen in den Räuberwald

3 Das Räubern ist des Seppls Lust

... Melodie siehe Lied 4

... Räubern ist des Seppls Lust, das Räu-äu-bern!

Das Wandern ist des Kasperls Lust

2. Strophe: Wir wandern jetzt zum Zauberer, wir wandern jetzt zum Zauberer,
zum Zauberer. La la la ...

3. Strophe Wir gehen in den Hexenwald! Wir gehen in den Hexenwald!
Und wird es dort auch finster sein, so bin ich doch nicht ganz allein.
Die Kinder werden bei mir sein, ja bei mir sein.

5

Lasst uns froh und munter sein

2. Strophe

Nik'laus ist ein guter Mann,
dem man nicht genug danken kann.
Lustig, lustig, traleralera!
Heut war Niklaus abend da!

Lustig ist das Räuberleben

Vorsicht, gefährliche Pilzsuppe!

- Spieldauer: ca. 15'
- Anzahl der Spieler: 1
- Anzahl der Figuren: 2
- Alter: ab 2,5 Jahre
- Anlass: zu jeder Zeit

Inhalt

Kasperl hat Lust auf Pilzsuppe und macht sich auf in den Wald, wo bekanntlich der heiß begehrte Rohstoff wächst. Das missfällt dem grimmigen Räuber Krautkopf, der in seinem Revier lieber ungestört bleibt. Als er jedoch hört, dass Kasperl Pilze für seine viel gerühmte Pilzsuppe sammelt, gibt sich der Räuber großzügig, schmiedet aber insgeheim einen Plan: Er will die fertige Pilzsuppe dem Kasperl vor der Nase wegstehlen und in seinen eigenen Bauch verschwinden lassen. Doch diesen Plan durchkreuzen Kasperl und die Kinder.

Spielfiguren

- Kasperl
- Räuber

Requisiten

- Korb
- 1 Steinpilz, 1 Fliegenpilz aus Pappe
- Kleiner Kochtopf
- Kochlöffel
- Essigflasche
- Salzstreuer
- Pfeffermühle
- Waschpulver
- Rasierschaum
- Schüssel

Kulissen

- Wald
- Kasperls Küche

Profi-Tipp

- Ein Erwachsener sitzt mit im Publikum und schaut, dass die vielen Köche den Brei auch richtig verderben und dass die Kocherei reibungslos abläuft.

Es geht los!

VORSPIEL

Kasperl tritt vor geschlossenem Vorhang auf.

Kasperl: Tri tra trallala, tri tra trallala, der Kasperl, der ist wieder da! Hallo liebe Kinder, seid ihr alle da?

Kinder antworten.

Ja schön. Kinder, wer von euch mag Pilze?

Kinder antworten.

Ich mag Pilze für mein Leben gerne ... am liebsten als Pilzreis und noch lieber als Pilzsuppe, mmmmh ... Und pflückt ihr die auch selbst, die Schwammerln?

Kinder antworten.

Aha, dann wisst ihr auch, welche Pilze man pflücken darf und welche giftig sind? Ja fein, dann könnt ihr mir ja helfen. Ich gehe jetzt nämlich in den Wald, Pilze sammeln. Kommt ihr mit, Kinder?

Kinder antworten.

Schön! Ich hole noch meinen Korb. Wir treffen uns gleich im Wald.

Geht ab

1. AKT

Vorhang auf. Im Wald. Kasperl tritt mit einem Korb auf.

Kasperl: Hallo Kinder! Ihr ward jetzt aber schnell hier im Wald. Habt ihr schon Pilze gefunden?

Kinder antworten.

Gut, dann lasst uns gemeinsam suchen.

Schaut sich um. Ein Steinpilz erscheint am Bühnenrand.

Ah, da ist ein Pilz! Kinder, soll ich den pflücken? Kann man den essen?

Kinder antworten.

Ja richtig, das ist ein Steinpilz. Der schmeckt wunderbar in meiner Pilzsuppe.

Pflückt den Pilz, gibt ihn in seinen Korb und sucht weiter

So, jetzt suchen wir weiter, Kinder! Ein Pilz steht ja bekanntlich selten alleine.

Ein roter Fliegenpilz mit weißen Punkten erscheint am Bühnenrand. Kasperl erblickt ihn.

Hoppla, was haben wir da für ein hübsches Früchtchen! Ob dieser Pilz so gut schmeckt, wie er aussieht, Kinder?

Kinder antworten.

Nein? Schade! Wie heißt denn dieser freche Täuschling?

Kinder antworten.

Was sagt ihr, Fliegenpilz! Kann dieser Pilz wirklich fliegen, Kinder?

Kinder antworten.

Also einen Pilz, der giftig ist und nicht einmal fliegen kann, den lass ich lieber stehen.

Räuber tritt plötzlich auf.

Räuber: Donner und alle Wetter! Was treibst du hier in meinem Räuberwald, du Kasperl-Knilch!

Kasperl: Oh, schönen guten Tag Räuber Krautkopf. Ich bin beim Pilzesuchen. Aber sag, wieso ist das *dein* Wald? Hast du den Wald etwa gekauft?

Räuber: Nein, natürlich nicht. Aber ich wohne hier, Kasperl-Knilch.

Kasperl: Aha. Und weil du hier wohnst, denkst du, er gehört dir? Und was ist dann mit den Tieren, die hier wohnen? Mit den Rehen und den Füchsen? Eigentlich gehört der Wald dann auch ihnen!

Räuber: Hör auf mit dem dummen Gequassel und verschwinde von hier, aber dalli. Sonst …

Kasperl: Schade, schade, dann wird eben nichts aus meiner Pilzsuppe.

Räuber: Pilzsuppe?

Kasperl: Ja, ich wollte heute Pilzsuppe kochen.

Räuber beiseite zu den Kindern

Räuber: Habt ihr gehört, Kinder, der Kasperl will Pilzsuppe kochen. Kasperl ist doch der beste Pilzsuppen-Koch der Welt. Ja, Pilzsuppe, das wäre das Richtige für meinen ausgehungerten Räubermagen. Kinder, wenn der Kasperl seine Pilzsuppe gekocht hat, ruft ihr mich sofort. Dann stehle ich sie. In meinem Räuberwald kann ich sie dann in Ruhe verspeisen.

Plötzlich freundlich zum Kasperl

Kasperl! Von mir aus, nimm dir ein paar Pilze. Aber dann raus aus meinem Räuberwald. Ist das klar!

Kasperl: Oh, untertänigsten Dank, hoch verehrter Räuber Suppentopf – ähm Krautkopf.

Räuber zu den Kindern

Räuber: Unverschämter Kasperl-Knilch, aber der wird mich noch kennenlernen.

Also Kinder, dass ihr mich ja ruft, sobald die Suppe fertig ist, verstanden!

Geht ab

Kasperl: Kinder, was hat der Räuber Krautkopf da vorhin zu euch gesagt?

Kinder erzählen.

Ach so, der Halunke will mir meine wunderbare Pilzsuppe stehlen. Hmhm – da werde ich ihm ein Süppchen kochen, dass ihm hören und sehen vergeht! Oh, ich habe eine gute Idee. Kinder, kommt mit zu mir nach Hause, jetzt wird es lustig.

Kasperl geht lachend ab. Vorhang zu

2. AKT

Vorhang auf. In Kasperls Küche. Kasperl tritt mit Topf und Kochlöffel auf. Pilze liegen auf der Ablage.

Kasperl: Willkommen in meiner Kasperl-Küche. Kinder, wir mischen dem Räuber jetzt eine Pilzsuppe, an die er sich noch in 100 Jahren erinnern wird. Also was brauchen wir?

Zeigt auf die Pilze

Meine Pilze – hm – die sind mir zu schade. Nein, die Pilze behalten wir uns für ein andermal auf. Jetzt Kinder, machen wir eine richtig grauslige Pfui-Teufel-Suppe für unseren lieben Freund, den Räuber. Das wird lustig. Als Erstes brauchen wir – Moment – ich schaue in meiner Vorratskammer nach.

Verschwindet kurz hinter der Bühne und kommt mit einer Essigflasche zurück

Nein, kein Wasser Kinder! Wasser geht gut für normale Suppen. Wir nehmen lieber richtig sauren Essig. Wer von euch Kindern möchte den Essig in den Suppentopf gießen?

Ein Kind meldet sich, kommt nach vorne und gießt Essig in den Topf.

Und jetzt salzen wir unser gutes Süppchen.

Kasperl holt den Salzstreuer und ruft ein Kind zum Salzen.

Ja, gib nur richtig viel Salz hinein, richtig viel! Diese Suppe versalzen wir ihm schön, dem alten Krautkopf ... So, danke schön, nun geh nur wieder auf deinen Platz.

Holt die Pfeffermühle und zeigt sie ins Publikum

Wer von euch Kindern kennt diesen Apparat?

Kinder raten.

Ja genau, das ist eine Pfeffermühle mit lauter scharfen Pfefferkörnern drinnen. Buhuhu!

Schüttelt die Pfeffermühle

Hört ihr die Pfefferkörner? Wer von euch Kindern möchte Pfeffer mahlen?

Kasperl ruft ein Kind heraus.

Damit machen wir jetzt unsere Pfui-Teufel-Suppe feurig scharf. Ja, schön! Dem Räuber wird der Mund brennen wie ein heißes Bügeleisen. – Und womit sollen wir unsere Suppe cremig werden lassen? Ich schau einmal nach.

Verschwindet hinter der Bühne. Spricht aus dem Off

Mehl? Nein, Mehl schmeckt viiiiiel zu gut. Da nehmen wir lieber das hier.

Tritt mit Waschpulver auf

So, wer von euch möchte unsere wunderbare Suppe mit einem Schuss Waschpulver schön cremig rühren?

Ein Kind erledigt das.

So Kinder und obendrauf spritzen wir noch ein schönes Sahnhäubchen – aber natürlich nicht aus richtiger Sahne. Ich habe etwas viel Besseres.

Bringt Rasierschaum

Wer von euch erratet, was hier drinnen ist, darf damit unsere Pfui-Teufel-Suppe garnieren.

Ein Kind erledigt das.

So, danke Kinder! Unsere Pfui-Teufel-Suppe ist fertig!

Riecht an der Suppe

Mmmmh ...Buähhh!

Beginnt angewidert zu husten

Kinder, dieses Höllen-Gebräu ist uns gut gelungen. Nun stellen wir es ans Fensterbrett – damit unser Räuber die Suppe gleich findet. Und nun, Kinder, ruft laut den Räuber Krautkopf. Ich verstecke mich inzwischen.

Versteckt sich, Kinder rufen den Räuber. Räuber tritt gut gelaunt auf.

Räuber: Ja, ja, bin schon da. Kinder, wo ist die Pilzsuppe?

Kinder zeigen sie ihm.

Ahh, ja, da steht sie.

Riecht an der Suppe

Mmmhh, gut – na ja, ein bisschen seltsam riecht sie schon. Aber das gehört wohl dazu. Die Pilzsuppen von Kasperl sind auf der ganzen Welt bekannt. Und jetzt ab in den Räuberwald, bevor mich dieser Kasperl-Knilch noch erwischt.

Geht mit dem Suppentopf ab. Kasperl kommt erfreut aus seinem Versteck hervor.

Kasperl: Kinder, der Räuber ist reingefallen. Er hat diese stinkende Brühe wirklich mitgenommen. Kommt, wir schleichen ihm hinterher. Wir wollen zusehen, wie der alte Gauner die Suppe verspeist.

Geht ab. Vorhang zu

3. AKT

Vorhang auf. Im Räuberwald. Kasperl tritt auf.

Kasperl: So Kinder, da vorne ist die Räuberhöhle. Seid ganz leise, damit uns der Krautkopf nicht bemerkt. Ich verstecke mich hier.

Kasperl versteckt sich. Räuber tritt mit dem Suppentopf auf. Die Pfui-Teufel-Suppe haben Sie in der Zwischenzeit hinter der Bühne in eine Schüssel geleert.

Räuber: So, her damit! Mir rinnt schon das Wasser im Mund zusammen. Jetzt komme ich endlich auch einmal in den Genuss der berühmten Pilzsuppe vom Meisterkoch Kasperl.

Stürzt die Suppe mit großer Gier und lautem Schmatzen hinunter bis der Topf leer ist

Aahh, war das gut – Oh, was ist das? –

Räuber bekommt Schluckauf und Bauchschmerzen.

Mein Bauch – Hicks – Au! Das zwickt ja ganz fürchterlich – Hicks! Oh, oh, oh, ich habe plötzlich schreckliche Bauch ... – Hicks – schmerzen. Und dieser lästige Schluckauf! Donner und alle Wetter, Kasperl! – Hicks – Was hast du in diese elende Su ...– Hicks – Suppe gerührt?

Kasperl kommt aus seinem Versteck.

Kasperl: Ach, nichts Spezielles, verehrter Räuber Schnagglkopf. Ein bisschen Salz, ein bisschen Pfeffer und noch ein paar Kleinigkeiten.

Räuber: Au, au! U ...– Hicks – und was waren das für schreckliche – Hicks – Kleinigkeiten?

Kasperl: Kinder, wollen wir dem Räuber Krautkopf wirklich verraten, was wir in die Suppe gemischt haben?

Kinder antworten.

Tut mir leid, Krautkopf! Das kann ich nicht verraten. Das ist ein Geheimrezept von mir und den Kindern. Und merke dir: Stehlen tut man nicht! Wenn du nicht gestohlen hättest, hättest du jetzt keine Bauchschmerzen.

Räuber: Oh, au – Hicks – ja, du hast Recht – Hicks! Ich werde mich bessern und nie wieder steh – Hicks – stehlen.

Kasperl: Gut, Räuber Krautkopf, wenn du versprichst, nicht mehr zu stehlen, dann verrate ich dir die beste Medizin gegen Bauchweh.

Räuber: Ja, bei meiner Räuberehre – Hicks! Ich verspreche es!

Kasperl: Gut, dann trink eine Tasse lauwarme Milch und leg dich ins Bett. Wenn du wieder aufstehst, werden deine Bauchschmerzen vorüber sein.

Räuber geht stöhnend ab.

Räuber: Oh, au – Milch, ja, die trinke ich jetzt gleich, oh, au – hicks!

Kasperl: Kinder, das hat gewirkt. Der Räuber Krautkopf wird so schnell niemanden mehr beklauen. Danke, dass ihr mir geholfen habt. Auf Wiedersehen.

Tritt winkend ab. Vorhang zu

ENDE

Kasperl und der silberne Hatschi Hatschi

- Spieldauer: ca. 15'
- Anzahl der Spieler: 1
- Anzahl der Figuren: 3
- Alter: ab 3 Jahre
- Anlass: zu jeder Zeit

Inhalt

Kasperl findet auf seinem Spaziergang einen merkwürdigen Glitzerstein. Sofort macht er sich auf zum großen Zauberer Zottelkopf, um den Stein bestimmen zu lassen. Er ahnt nicht, welchen Fund er da gemacht hat. Und dass die Hexe Donnerknall auch hinter dem Glitzerstein her ist.

Spielfiguren

- Kasperl
- Hexe
- Zauberer

Requisiten

- Rucksack (Stöckchen mit einem Stoffbündel)
- Blumen
- Glitzerstein (aus Alufolie)
- Zauberstab
- Eingangstor zum Zauberschloss
- Knoblauch
- Hexenbuch

Kulissen

- Wiese
- Zauberschloss
- Hexenwald

Musik

- Trommelwirbel

Es geht los!

VORSPIEL

Kasperl tritt vor geschlossenem Vorhang auf.

Kasperl: Tri tra trallala, tri tra trallala, der Kasperl, der ist wieder da! Hallo liebe Kinder, seid ihr alle da?

Kinder antworten.

Kinder, heute ist ein herrliches Wetter! Die Sonne zwitschert, die Blumen scheinen und die Vögel blühen und ich ...

Kinder verbessern den Kasperl.

Was, bei mir zwitschert es auch? Ach ja, ich bin in Ferienlaune. Am liebsten würde ich einen Spaziergang machen. – Warum eigentlich nicht? Kinder, habt ihr Lust auf einen Spaziergang?

Kinder antworten.

Ja schön! Ich hole nur schnell meinen Rucksack. Wir treffen uns gleich auf der großen Wiese.

Geht ab. Trällert dabei die 1. Strophe des Wanderliedes 4 *(siehe S. 33)*

1. AKT

Vorhang auf. Wiese mit Blumen. Der Glitzerstein liegt auf der Ablage. Kasperl tritt auf. Er trägt einen Rucksack und trällert wieder die 1. Strophe des Wanderliedes.

Kasperl: Hallo Kinder, hier bin ich wieder. Oh, ist das schön hier! Schaut mal die vielen Blumen.

Geht zu einer Blume, bestaunt sie und riecht daran.

Und wie die duften.

Entdeckt den Glitzerstein

Hoppla, was haben wir denn hier?

Hebt den Stein auf. Schaut ihn an und zeigt ihn den Kindern

Ein Osterei ist es nicht, da bin ich mir sicher. Zu dieser Zeit arbeitet kein normaler Osterhase. Vielleicht kann man das Ding ja essen. Ich beiß mal hinein.

Beißt hörbar schmatzend in den Glitzerstein

Au, steinhart ist das Ding! – steinhart? Kinder, ich hab es! Das ist ein Stein. Und was für einer. Ein richtiger Glitzerstein. Ob der wertvoll ist, Kinder?

Kinder antworten.

Vielleicht ist es ein Edelstein? Aber die Großmutter sagt immer: »Es ist nicht alles Gold, was glänzt!« Womöglich ist es nur ein wertloser Klumpen! Kinder, ich habe eine Idee. Ich zeige den Glitzerstein dem Großen Zauberer Zottelkopf. Der Zauberer ist ein gelehrter Mann und kennt sich auch mit Steinen aus. Er wird mir sagen können, was das für ein Stein ist. Vielleicht habe ich am Ende ein richtiges Juwel gefunden. Dann schenke ich es der Prinzessin für ihre neue Krone.

Packt den Stein in seinen Rucksack. Nesteln Sie dazu am Rucksack und lassen Sie den Stein dabei unauffällig hinter der Bühne verschwinden.

So, in meinem Rucksack wirst du mir nicht zu schwer, du Glitzerstein. Kommt, Kinder! Auf zum Großen Zauberer Zottelkopf!

Geht ab. Singt dabei die 2. Strophe des Wanderliedes

Trommelwirbel. Hexe Donnerknall tritt mit ihrem Zauberstab auf.

Hexe: Donnerblitz und zugenäht! Kinder, was muss die Hexe Donnerknall da hören? Dieses Würstchen von einem Kasperl hat ihn gefunden! Den silbernen Hatschi Hatschi! Diesen Edelstein suche ich schon lange! Der silberne Hatschi Hatschi ist ein Zauberstein. Wenn eine Hexe ihn besitzt, kann sie damit die schlimme Nieskrankheit über die Welt hexen. Hihihi. Könnt ihr euch das vorstellen, Kinder? Alle Menschen müssen ununterbrochen niesen, der Kasperl, der Seppl, die Gretl, alle. Vor lauter Hatschi und Hatschi kommt keiner mehr zum Reden. Nach jedem zweiten Wort muss einer niesen. Auf immer und ewig! Hihihi. Das wird ein Spaß!

Wieder bösartig

Aber zuerst muss der silberne Hatschi Hatschi her!

Ich hab's! Ich werde dem Kasperl seinen Stein einfach aus dem Rucksack heraushexen.

Trommelwirbel. Die Hexe schwingt ihren Zauberstab.

Abrakadabra Edelstein, komm zu mir, hier sollst du sein!

Lauter Trommelschlag. Die Hexe hält den Glitzerstein in der Hand.

Hier bist du ja, schönes Glitzersteinchen, endlich! Brav so! Nun trage ich dich heim in mein Häuschen – und dann kann es losgehen. Dann werde ich endlich die schreckliche Nieskrankheit über die Menschen hexen. Hihihi!

Geht hämisch lachend ab. Vorhang zu

2. Akt

Vorhang auf. Vor dem Eingangstor zum Zauberschloss. Kasperl tritt mit dem Rucksack auf.

Kasperl: So Kinder, da sind wir schon. Hier ist das Schloss vom Großen Zauberer Zottelkopf. Kinder, jetzt müsst ihr ganz leise sein. Der Zauberer verträgt keinen Lärm. Er sitzt den ganzen Tag über seinen Zauberbüchern und will eigentlich nicht gestört werden. Ich klopfe jetzt vorsichtig an.

Klopft 3-mal

Scheint nicht da zu sein! Pssst, jetzt habe ich etwas gehört.

Man hört den Zauberer aus dem Off murmeln.

Zauberer: Ja, Ja, Ja! Ich komme schon! Wer klopft an?

Kasperl: Grü ... Grü ... Grüß Gott, Großer Zauberer Kottelzopf, ähh Zottelkopf. I...I...Ich bin es, der Kasperl!

Zauberer tritt auf.

Zauberer: So, so, der Kasperl! Sag, was führt dich zu mir?

Kasperl: I ... I ...Ich habe etwas gefunden und wollte euch höflichst fragen, ob ihr wisst, was es ist!

Zauberer: Ich kenne alles was geht und steht auf dieser Welt. Also werde ich dein Etwas auch kennen. Zeig es mir, aber rasch! Ich habe wieder zu arbeiten!

Kasperl kramt im Rucksack nach dem Glitzerstein, kann ihn aber nicht finden.

Kasperl: Ja, wo ist er denn? – Das verstehe ich nicht. Ich habe ihn eben in meinen Rucksack gepackt! Und jetzt ist er verschwunden.

Zauberer: Wovon sprichst du eigentlich, Kasperl? Was hast du gefunden?

Kasperl: Ach so, ja! Einen Glitzerstein.

Zauberer: Einen Glitzerstein? Wie hat er ausgesehen?

Kasperl: Kinder, ich bin so aufgeregt. Erklärt ihr bitte dem Zauberer, wie unser Stein ausgesehen hat!

Kinder erklären es dem Zauberer.

Kasperl: Kinder, wisst ihr zufällig, wo ich den Stein verloren habe?

Kinder berichten.

Kasperl: Waaaas?! Die Hexe Donnerknall hat ihn einfach aus meinem Rucksack gezaubert? Aber der Glitzerstein gehört doch mir. Ich habe ihn gefunden! Ich will ihn ja der Prinzessin schenken, für ihre Krone. Herr Großer Zauberer, was soll ich tun?

Zauberer: Kasperl, ich glaube, du hast einen großen Fund gemacht. Das ist nicht irgendein Stein, das ist der silberne Hatschi Hatschi!

Kasperl: Wer? Der silberne Maxi? Nie gehört!

Zauberer: Der silberne Hatschi Hatschi ist ein Edelstein mit Zauberkräften. Die Hexe ist ganz gierig nach diesem Juwel. Mit dem silbernen Hatschi Hatschi kann die Hexe Donnerknall die niederträchtige Nieskrankheit über die Menschen hexen.

Kasperl: Was ist denn die Gießkrankheit? Müssen wir dann alle Blumen gießen?

Zauberer: Schlimmer, viel schlimmer! Die Nieskrankheit ist eine schreckliche Krankheit. Alle werden Tag und Nacht nur mehr niesen und können nicht mehr aufhören. Kasperl, du musst den Hatschi Hatschi sofort wieder zurückholen. Das ist die einzige Rettung, um uns vor der schrecklichen Nieskrankheit zu schützen.

Kasperl: Ja, gut. Kinder helft ihr mir dabei?

Kinder antworten.

Gut, die Kinder und ich, wir holen den Stein zurück. Aber was machen wir, wenn die Hexe merkt, dass der Stein verschwunden ist? Dann kann sie den Hatschi Hatschi gleich wieder aus meinem Rucksack heraushexen. Das hat sie schon einmal gemacht.

Lässt traurig den Kopf hangen

Dann ist ja alles umsonst!

Zauberer: Sei nicht traurig, Kasperl. Der Große Zauberer Zottelkopf hat ein Gegenmittel: Knoblauch!

Kasperl: Knoblauch? Pfui Teufel. Ich hasse Knoblauch!

Zauberer: Ja, und Hexen hassen Knoblauch auch. Du musst den silbernen Hatschi Hatschi mit Knoblauch einreiben. Dann wirkt kein Hexenspruch mehr. Jeder Hexenspruch wird mit Knoblauch gebannt. Warte, ich hole Knoblauch!

Geht ab und kommt mit Knoblauch wieder

So, Kasperl, hier hast du den Knoblauch. Reibe den Hatschi Hatschi nur einmal damit ein, das genügt! Sonst stinkt die Krone der Prinzessin am Ende nach Knoblauch und das wäre ja fürchterlich! Und nun mach dich auf den Weg!

Kasperl: Danke, Großer Zauberer Zottelwopf, ähh Woppeltopf! Auf Wiedersehen!

Zauberer: Auf wieder sehn!

Zauberer geht ab. Kasperl riecht am Knoblauch.

Kasperl: Pfui, der stinkt ja nach Knoblauch, dieser Knoblauch! Kinder, wer von euch will den Knoblauch halten, bis wir im Hexenwald bei der Hexe sind?

Ein Kind nimmt den Knoblauch.

Danke. Und nun auf in den Hexenwald zum Hatschi Hatschi, bevor es zu spät ist.

Kasperl geht ab und singt dabei die 3. Strophe des Wanderliedes. Vorhang zu

4

3. AKT

Vorhang auf. Im Hexenwald. Kasperl tritt auf.

Kasperl: So Kinder, hier sind wir. Da vorne steht das Hexenhaus. Habt ihr den Knoblauch?

Kinder antworten.

Gut, dann verstecken wir uns bis die Hexe kommt!

Kasperl versteckt sich hinter dem Vorhang, seine Zipfelmütze schaut heraus.

Kinder, sieht man mich noch?

Kinder antworten. Nun verschwindet auch Kasperls Zipfelmütze hinter der Bühne.

Und jetzt, Kinder?

Kinder antworten.

Gut, Kinder, dann kann es losgehen!

Die Hexe tritt mit dem Hatschi Hatschi auf.

Hexe: So, du glitzerndes Juwel! Gleich wirst du deine Zauberkraft entfalten. Hihihi. Gleich werde ich die schreckliche Nieskrankheit über die Welt hexen. Jetzt brauche ich nur noch meinen Zauberstab und mein Hexenbuch für den Nies-Hexenspruch. Das hole ich gleich!

Legt den Glitzerstein auf die Ablage und verschwindet.
Kasperl tritt hinter dem Vorhang hervor.

Kasperl: Kinder, das ist die Gelegenheit. Jetzt schnappen wir uns den Stein!

Nimmt den Stein, gibt ihn einem Kind und versteckt sich wieder

Schnell, reibt den Hatschi Hatschi mit Knoblauch ein. Ganz fest, damit kein Hexenspruch mehr wirken kann!

Die Hexe tritt mit Zauberstab und Hexenbuch auf.

Hexe: So, nun kann es losg ... Donnerblitz und zugenäht! Wo ist denn jetzt der Hatschi Hatschi?

Schaut sich um. Sucht den Hatschi Hatschi überall

Ich habe ihn doch vorhin hier hingelegt. Kinder, habt ihr den Hatschi Hatschi gesehen?

Kinder antworten.

Sapperlot noch mal, das gibt es doch nicht! Der kann sich doch nicht in Luft auflösen. Ach, warum suche ich eigentlich? Ich brauche mir das Steinchen ja bloß wieder herbeizuhexen!

Trommelwirbel. Die Hexe schwingt ihren Zauberstab.

Abrakadabra Edelstein, zum zweiten Mal sollst du hier sein!

Lauter Trommelschlag. Nichts geschieht

Na, was ist! Wo bist du denn, du dummer Stein? – Beim Wackelzahn meiner Großmutter! Ist hier alles verhext? Sofort her mit dir, du nutzloser Fagatschi Spagatschi oder ich mach dir Beine! Also, was ist? – Kinder, habt ihr etwa den Zauberstein genommen?

Kinder antworten.

Waaas, Knoblauch? Aaah, ich hasse Knoblauch! Da kann ich ja nicht mehr hexen! Meine Hexensprüche funktionieren nicht bei Knoblauch. Aaah, ich werde gleich wahnsinnig! Das ist zu viel für die Hexe Donnerknall! Ich brauche sofort meinen grünen Regenwurm-Tee zur Beruhigung!

Geht zeternd ab.
Kasperl kommt aus seinem Versteck hervor.

Kasperl: Prost, Mahlzeit! Regenwurm-Tee! Pfui, das ist ja noch schlimmer als Knoblauch! Kinder, habt ihr gesehen, wie sich die Hexe geärgert hat? Hahaha. Den Hatschi Hatschi bekommt sie nicht mehr wieder. Und nun werde ich den schönen Edelstein der Prinzessin bringen für ihre Krone. Dann ist der Hatschi Hatschi für immer sicher. Euch liebe Kinder, vielen Dank! Ihr habt mir sehr geholfen. Auf Wiedersehen, bis zum nächsten Mal!

Geht ab

ENDE

Gretl und der Nikolaus

- Spieldauer: ca. 10’
- Anzahl der Spieler: 1
- Anzahl der Figuren: 3
- Alter: ab 2,5 Jahre
- Anlass: Nikolaus

Inhalt
Alle freuen sich, denn der Nikolaus war wieder da. Dem Kasperl hat er einen großen Schokolade-Nikolaus auf seinen Teller gelegt. Nur die Gretl ist traurig, denn sie hat der gute Nikolaus vergessen. War sie nicht artig oder hat sie dem Kasperl zu selten einen Kuchen gebacken? Kasperl glaubt den wahren Grund zu kennen und weiß, wie die Gretl wieder glücklich wird.

Spielfiguren
- Kasperl
- Gretl
- König

Requisiten
- Eingangstür
- Teller, Stiefel oder Strumpf: verwenden Sie im Stück, was Ihrer Tradition entspricht.
- Nikolausmütze und Wattebart
- Nikolaussäckchen

Kulissen
- Haus der Gretl

Musik
- Glockenspiel

Es geht los!

VORSPIEL

Kasperl tritt vor geschlossenem Vorhang auf und singt das Nikolauslied. 5 (siehe S. 34)

Kasperl: Hallo liebe Kinder, seid ihr alle da?

Kinder antworten.

Kinder, ich freue mich so! Stellt euch vor, der Nikolaus war heute Nacht bei mir. Und er hat mir auch etwas auf meinen Teller gelegt. Wisst ihr, was er mir gebracht hat?

Kinder raten.

Einen riesigen Schokolade-Nikolaus und einen Sack voller Nüsse. Mmmh, ich liebe Schokolade. Kinder, ist der Nikolaus zu euch schon gekommen?

Falls der Nikolaus schon gekommen ist, erzählen die Kinder, was sie bekommen haben.

Kinder, jetzt wollen wir schauen, was der Nikolaus der Gretl gebracht hat.

Kommt ihr mit zu Gretls Haus?

Kinder bejahen.

Schön, dann lasst uns gehen.

Geht ab

1. AKT

Vorhang auf. Eingangstür vor dem Haus der Gretl. Kasperl tritt auf.

Kasperl: Ah, da ist ja das Haus der Gretl.

Klopft drei Mal an

Gretl, Gretl!

Gretl kommt schluchzend aus dem Haus.

Gretl: Ha ... ha ... hallo Ka ...

Fängt bitterlich an zu weinen

Kasperl: Ja liebe Gretl, was fehlt dir denn?

Gretl: Ach Kasperl ... der ... der ... der ...

Fängt wieder bitterlich an zu weinen

Kasperl: Der was? Der Räuber Krautkopf? Hat der Räuber Krautkopf dich beklaut?

Gretl schüttelt schluchzend den Kopf.

Kasperl: Nein? Der Räuber Krautkopf war es also nicht. Dann war es der ... der ... Seppl. Jetzt hab ich's! Der Seppl hat dich in den Po gezwickt.

Gretl: Nein! Was redest du für einen Unsinn! Ich meine der Ni ... Ni ... Nikolaus!

Kasperl: Ja, der Nikolaus. Der hat heute alle Kinder besucht.

Gretl: Eben nicht!

Beginnt wieder laut zu schluchzen

Mich hat er vergessen!

Kasperl: Was sagst du da, der Nikolaus hat dich vergessen? Er war heute Nacht nicht bei dir? Und er hat dir auch nichts mitgebracht? Keine Nüsse, keine Lebkuchen, keine Schokolade?

Gretl: Nichts. Gar nichts!

Kasperl: Dann warst du wahrscheinlich nicht brav. Denk mal nach, Gretl. Wie oft hast du die Katze am Schwanz gezogen?

Gretl: Nie!

Kasperl: Und wie oft bist du zu spät nach Hause gekommen?

Gretl: Nie!

Kasperl: Und wie oft hast du deine Spielsachen aufgeräumt?

Gretl: Nie – ähm ich meine, immer!

Kasperl: Hm. Dann kann es nur daran liegen, dass du mir schon seit mindestens drei Tagen keinen Kuchen mehr gebacken hast. Das mag der Nikolaus überhaupt nicht!

Gretl: Ach Kasperl, hör auf mit den Witzen. Ich war immer brav und artig. Jedenfalls mindestens so brav wie du.

Kasperl: Kinder, könnt ihr euch das erklären? Wisst ihr, warum der Nikolaus nicht zur Gretl gekommen ist?

Kinder sagen ihre Meinung.

Kasperl: Gretl, ich hab's! Ich glaube, jetzt weiß ich, warum dich der Nikolaus vergessen hat. Sag mal, hast du gestern Abend deinen Nikolausteller vor die Tür gestellt?

Gretl: Nein. Wieso?

Kasperl: Wie soll der Nikolaus dann wissen, dass hinter dieser Tür ein Kind wohnt, das auf ihn wartet? Alle Kinder legen am Nikolausabend einen Teller oder ein Säckchen vor die Tür. Das kann der Nikolaus dann füllen. Nicht wahr, Kinder?

Kinder bejahen.

Gretl, heute Nacht musst du es noch einmal versuchen.

Gretl: Gut, Kasperl, wenn du meinst, dann stelle ich heute einen Teller vor die Tür. Und dann geh ich ganz früh zu Bett.

Kasperl: Das ist eine gute Idee. Viel Glück.

Beide gehen ab. Vorhang zu

2. AKT

Vorhang auf. Gretl tritt auf mit einem Teller in der Hand.

Gretl: So! Diesen Teller stelle ich vor die Tür. Ich bin ja gespannt, ob der Kasperl Recht hat. Ach, es wäre zu schön, wenn mich heute der Nikolaus besuchen würde.

Gähnt

Gute Nacht, Kinder.

Legt sich zum Schlafen auf die Spielleiste. Es wird dunkler.

Glockenspiel erklingt. Der Nikolaus tritt mit einem Nikolaussäckchen auf.

Nikolaus: Guten Abend, liebe Kinder, ich bin der Nikolaus. Ah, da steht ja noch ein Teller vor der Tür. Da wartet bestimmt noch ein Kind auf meinen Besuch. Psst Kinder, seid leise, damit niemand aufwacht. Ich habe diesem Kind etwas mitgebracht. So ...

Stellt das Nikolaussäckchen auf den Teller.

Auf Wiedersehen Kinder. Bis zum nächsten Jahr.

Glockenspiel. Nikolaus geht ab.

Gretl schläft weiter. Ein Hahn kräht. Gretl erwacht und gähnt.

Gretl: Guten Morgen Kinder. Heute hatte ich einen wunderschönen Traum. Stellt euch vor, ich habe geträumt, dass der Nikolaus bei mir war. Schade, dass es nur ein Traum war.

Kinder rufen. Gretl schaut sich um, erblickt das volle Säckchen und geht hin.

Kinder, mein Traum ist in Erfüllung gegangen! Hurra! Der Nikolaus hat an mich gedacht. Er war wirklich bei mir. Schaut Kinder, ein richtiges Nikolaussäckchen!

Kasperl tritt auf.

Kasperl: Guten Morgen Gretl, du bist ja wieder fröhlich!

Gretl: Hallo Kasperl! Stell dir vor, der Nikolaus war bei mir und hat mir etwas mitgebracht. Ach Kasperl, das habe ich dir zu verdanken! Du hattest die Idee mit dem Teller.

Umarmt Kasperl und gibt ihm einen Kuss

Danke, lieber Kasperl!

Kasperl: Danken sollst du nicht mir, liebe Gretl. Danken sollst du dem Nikolaus. Komm, wir wollen dem lieben Nikolaus zum Dank ein Lied singen. Kinder, singt auch mit.

Alle singen zusammen die 2. Strophe des Nikolausliedes.

5

Kasperl + Gretl: Auf Wiedersehen, Kinder! Bis zum nächsten Mal.

Beide treten winkend ab. Vorhang zu

ENDE

Ein Koffer verschwindet!

- Spieldauer: ca. 15'
- Anzahl der Spieler: 1–2
- Anzahl der Figuren: 3
- Alter: ab 3 Jahre
- Anlass: zu jeder Zeit

Inhalt

Alle haben es furchtbar eilig, laufen hin und her und tuscheln aufgeregt. Nur das Krokodil steht traurig daneben. In der allgemeinen Hektik haben alle seinen Geburtstag vergessen. Keiner seiner Freunde hat ihm gratuliert. Deshalb beschließt Kroko ab sofort nur mehr böse zu sein. In seiner Boshaftigkeit stiehlt es einen Koffer, nichts ahnend, dass sich darin seine eigene Geburtstagsüberraschung befindet. Das Durcheinander ist groß, aber zum Glück kann unser Kasperl das Missverständnis aufklären. Nun wird es für Kroko doch noch ein schöner Geburtstag.

Spielfiguren

- Kasperl
- Gretl
- Krokodil

Requisiten

- Koffer
- Luftballons

Kulissen

- Geburtstagsfest

Profi-Tipp

- Wenn Sie dieses Stück alleine spielen, üben Sie vorher den schnellen Wechsel der Puppen!

Es geht los!

1. AKT

Vorhang auf. Kasperl tritt auf und schleppt einen schweren Koffer, den er in der Bühnenmitte abstellt.

Kasperl: Tri tra trallala, tri tra trallala, das Krokodil wird 100 Jahr! Hallo liebe Kinder, seid ihr alle da?

Kinder antworten.

Stellt euch vor, unser liebes Krokodil hat heute Geburtstag. Es wird heute 100 Jahre alt. Kinder, ist jemand von euch schon 100 Jahre alt?

Kinder verneinen.

Nein? Ich auch nicht! Ich bin erst neunundneunzig zwölfzehn Jahre, wenn ich richtig mitgezählt habe. Ganz genau weiß ich das auch nicht. Ist auch egal. Wichtig ist, dass unser Kroko heute genau 100 Jahre alt wird. Und dafür bereiten wir ein großes Geburtstagsfest vor. Aber nichts verraten, Kinder. Das Fest soll nämlich eine Überraschung für unser Krokodil werden. Hier dekorieren wir alles mit bunten Luftballons. Die Luftballons habe ich mitgebracht. Sie sind hier in meinem Koffer. Jetzt fehlt nur noch die Gretl. Sie soll die Luftballons aufblasen.

Gretl tritt auf.

Kasperl: Hallo Gretl, da bist du ja!

Gretl: Hallo Kasperl! Hast du die Luftballons mitgebracht, damit wir alles für das Geburtstagsfest schmücken können?

Kasperl: Ja, ja. Die Luftballons sind hier drinnen in meinem Koffer.

Gretl: Schön, dann können wir gleich mit dem Aufblasen beginnen.

Kasperl: Wir? Tut mir leid, Gretl. Die Luftballons musst du alleine aufblasen. Ich habe im Augenblick keine Zeit. Ich gehe jetzt zur Großmutter und schaue nach, wie weit sie mit dem Geburtstags-Schokoladen-Kuchen ist. Aber vielleicht helfen dir die Kinder in der Zwischenzeit beim Aufblasen. Kinder, könnt ihr der Gretl helfen?

Kinder bejahen.

Ja fein! Ich bin bald wieder zurück. Auf Wiedersehen Gretl, auf Wiedersehen Kinder!

Kasperl geht singend ab: »La, la, lallala, das Krokodil wird hundert Jahr«
Gretl nimmt einen Luftballon aus dem Koffer.
Dafür reichen Sie der Gretl unauffällig einen Luftballon von hinten.

Gretl: Also, an die Arbeit, Kinder.

Bläst mehrmals hörbar in den Luftballon, aber nichts bewegt sich.
Spricht mit dem Luftballon im Mund

Gretl: Kinder, ist der Luftballon schon größer geworden?

Kinder verneinen.

Gut, ich probiere es noch einmal.

Sie bläst noch kräftiger in den Luftballon.

Und jetzt? Könnt ihr schon etwas sehen, Kinder?

Kinder verneinen wieder. Gretl bläst noch fester, bis ihr schwindelig wird. Dann lässt sie den Luftballon erschöpft fallen.

Huch, Kinder! Jetzt ist mir vom vielen Blasen ganz schwindelig. Oh, mein Kopf! Alles dreht sich mir im Kopf herum.

Spricht immer langsamer und abgehackter

Ich glaube ... ich glaube ... ich werde ohnmächtig. Aaaaaah.

Fällt ohnmächtig zu Boden.
Sie können aus der Gretl-Puppe schlüpfen, um sich das Kroko bequem überzustreifen.
Das Krokodil tritt auf. Verärgert

Krokodil: Alle glauben, ich sei ein liebes Krokodil. Aber ich will nicht mehr lieb sein! Ab heute bin ich böse, böse, böse. Und wisst ihr, warum, Kinder? Schaut hin. Alle haben es eilig. Alle laufen hin und her.

Weinerlich

Und alle haben meinen Geburtstag vergessen. Niemand denkt an mich.

Verärgert

Und deshalb bin ich ab jetzt böse, böse, böse!

Erblickt den Koffer, schnüffelt daran und schmatzt

Ha, ein herrenloser Koffer. Wisst ihr was, Kinder? Den stehle ich jetzt! Ich bin ja böse, böse, böse.

Reißt sein Maul weit auf, schnappt sich den Koffer und geht schmatzend ab. Schlüpfen Sie nun zuerst in den Kasperl und dann unauffällig wieder in die Gretl-Puppe. Gretl erwacht verwirrt aus ihrer Ohnmacht.

Gretl: Wo bin ich? Was ist passiert?

Schaut sich um

Wo ist der Koffer? Wo ist der Koffer? Oh jemine! Jemand hat den Koffer gestohlen! Das ist ja schrecklich. Hoffentlich kommt der Kasperl bald wieder!

Beginnt zu weinen. Kinder erzählen vom Krokodil, aber Gretl versteht nicht richtig.

Ja, ja, Kinder, ich weiß! Das Krokodil hat heute Geburtstag!

Kasperl tritt vergnügt singend auf.

Kasperl: Tri tra trallala, das Krokodil wird 100 Jahr. So, da bin ich, der Geburtstagskuchen für unser Krokodil steht schon in Großmutters Backrohr. – Ja Gretl, was ist denn mit dir los?

Gretl schluchzt noch immer.

Gretl: Kasperl – stell dir vor – der Koffer ist verschwunden.

Kasperl: Oh du grünes Spiegelei! Ja, aber wie ist das möglich? Du warst doch die ganze Zeit hier?

Gretl: Ich ... ich ... war ohnmächtig.

Kasperl: Du warst ohnmächtig? Ja liebe Gretl!

Umarmt Gretl. Diese weint sich an Kasperls Schulter aus.

Sag mal Gretl, hat dich jemand verletzt oder bist du hingefallen? Was ist passiert?

Gretl: Nein, nein. Der ... der Lu ... Lu ... Luftballon.

Kasperl: Der Luftballon? Wie das denn?

Gretl: Ich wollte einen Luftballon aufblasen. Und dann habe ich so fest geblasen, dass mir davon ganz schwindelig geworden ist und dann – dann bin ich in Ohnmacht gefallen. Und während ich ohnmächtig da lag, hat jemand den Koffer gestohlen.

Kasperl: Aah, jetzt verstehe ich! Während du ohnmächtig warst, hat jemand unseren Koffer geklaut. Ts, ts, ts. Eins steht fest: Den Koffer brauchen wir wieder! Denn ein Geburtstagsfest ohne Luftballons, das geht nicht. Das ist langweilig. Und außerdem liebt unser Krokodil Luftballons.

Gretl: Wir rufen die Polizei! Hier handelt es sich um Diebstahl.

Kasperl: Wegen eines lausigen Koffers voller Luftballons geht die Polizei keine zwei Meter weit. Nein, nein! Den müssen wir schon selber suchen. Auf Gretl, du suchst in dieser Richtung und ich suche in dieser Richtung.

Gretl: Ja gut, von mir aus!

In der Aufregung stoßen beide zusammen.

Kasperl + Gretl: Autsch, mein Kopf!

Gretl: Aber ich wollte doch nur in meine Richtung gehen.

Kasperl: Ich auch. Komm, wir probieren es noch einmal!

Gretl: Ja gut, von mir aus!

Gehen aufeinander zu, wollen sich gegenseitig ausweichen und stoßen wieder zusammen.

Kasperl + Gretl: Autsch meine Nase! Schon wieder!

Kasperl: Also ich glaube, es ist besser, jeder von uns geht in genau die andere Richtung. Gut?

Gretl: Ja gut, von mir aus!

Gretl trottet hinter dem Kasperl her.
Kasperl dreht sich um und bemerkt das Missverständnis.

Kasperl: Hoppla, du schon wieder? Das ist doch meine Richtung!

Gretl: War das denn nicht meine Richtung? Mir wird schon ganz schwindelig vor lauter Hin und Her und autsch!

Kasperl: Halt Gretl, nicht wieder in Ohnmacht fallen. Geh einfach weiter. Ich mach das schon.

Gretl: Ja gut, von mir aus!

Gretl geht ab. Kasperl verschwindet seufzend in die andere Richtung.

Kasperl: Tja, Hauptsache, wir finden den Koffer!

2. AKT

Das Krokodil tritt stöhnend auf mit dem Koffer im Maul. Erschöpft stellt es den Koffer ab.

Krokodil: Kinder, böse sein ist lustig!

Setzt sich vor den Koffer, mit dem Rücken zum Kasperl, welcher von der anderen Seite, mit dem Rücken zum Krokodil, auftritt

Kasperl: Koffer, wo bist du? Koffer, wo bist du?

Stößt Rücken an Rücken mit dem Krokodil zusammen. Beide drehen sich erschrocken um.

Krokodil: Hallo Kasperl!

Kasperl: Hallo Kroko! Hast du einen Koffer gesehen?

Krokodil: I ... Ich ... n ... nein! Ich weiß von nichts.

Versucht ungeschickt den Koffer hinter seinem Rücken zu verbergen.
Kasperl bemerkt den Koffer, erwähnt aber nichts von seiner Entdeckung.

Kasperl: Aha, schade!

Krokodil: Übrigens Kasperl. Auch wenn ich wüsste, wo der Koffer steckt. Ich würde es dir nicht verraten. Ich bin nämlich nicht mehr lieb. Ich bin böse, böse, böse!

Kasperl: Ach, du bist böse? Das ist nicht schön. Dann will ich nicht mehr dein Freund sein. Zu mir sind alle nett. Du kannst alleine böse sein. Auf Wiedersehen.

Kasperl geht zum Bühnenrand und versteckt sich hinter dem Vorhang, sodass ihn nur die Kinder sehen. Zu den Kindern

Kinder, habt ihr gesehen, was das Krokodil versteckt hat?

Kinder antworten.

Ja, ganz richtig! Seinen eigenen Geburtstagskoffer. Jetzt bin ich gespannt, was unser liebes, böses Krokodil damit anstellt!

Das Krokodil glaubt sich alleine. Es lässt den Kopf hängen. Betrübt

Krokodil: Nicht einmal der Kasperl erinnert sich an meinen Geburtstag. Und jetzt ist er auch noch weggegangen. Was soll ich nur tun? Vielleicht ist es keine gute Idee, böse zu sein. Jetzt habe ich auch noch meinen besten Freund verloren.

Schluchzt

Nein, böse sein macht überhaupt gar keinen einzigen Spaß. Und noch dazu an meinem eigenen Geburtstag. Ich will wieder lieb sein und Freunde haben! Was hilft mir ein gestohlener Koffer? Ich will dich nicht mehr, du schäbige Schachtel! Ich gehe!

Wendet sich vom Koffer ab, will abgehen.
Kasperl springt hinter dem Vorhang hervor und hält das Krokodil fest.

Kasperl: Halt. Hab ich dich, du kecker Koffer-Klauer!

Krokodil: Ka … Ka … Kasperl … was machst du noch hier? Ich habe gedacht …

Kasperl: Ja, du hast gedacht ich bin schon fort, was? Kroko, ich finde es gar nicht schön, wenn du böse bist und wenn du lügst und wenn du stiehlst!

Krokodil: Ja, du hast recht. Das war eine Kroko-Schnapsidee. Es tut mir leid, aber ich bin sooo traurig.

Fängt an zu heulen. Kasperl lässt das Krokodil los.

Kasperl: Wieso bist du traurig. Gerade heute, an deinem eigenen Geburtstag!

Krokodil: Wieso weißt du das? Hast du meinen Geburtstag denn nicht vergessen?

Kasperl: Ach was! Überhaupt nicht. Was meinst Du, was ich heute schon den ganzen Tag mache? Und erst Gretl und die Großmutter und sogar die Kinder! Wir bereiten alle dein Geburtstagsfest vor.

Krokodil: Waaaas? Dann – dann – dann – hurra!!!!

Springt vor Freude in die Luft

Heißt das, ihr habt meinen Geburtstag gar nicht vergessen? Kinder, ist das wahr?

Kinder bejahen.

Kasperl: Nein, natürlich nicht. Glaubst du, wir vergessen deinen 100sten Geburtstag? Wir sind gerade dabei, eine große Überraschung für dich vorzubereiten.

Krokodil: Das ist ja wunderbar. Meine Freunde haben meinen Geburtstag nicht vergessen!

Gibt Kasperl einen dicken Krokodilskuss

Kasperl: Und zu dieser Überraschung brauchen wir auch den Koffer!

Krokodil: Ach, wirklich. Und ich stehle meine eigene Geburtstagsüberraschung. Zu dumm!

Kasperl: Sag mal Kroko, weißt du eigentlich, was in dem Koffer ist? Mach ihn auf.

Das Krokodil öffnet vorsichtig den Koffer und zieht Luftballons heraus.
Reichen Sie ihm dafür von hinter der Bühne einen Sack mit Luftballons und werfen Sie einige aufgeblasene Luftballons ins Publikum.

Krokodil: Oh, ein Sack voller bunter Luftballons. Hurra! Ich liebe Luftballons! Danke Kasperl! Danke Kinder! Ja eigentlich ... eigentlich ... da ich jetzt wieder ein liebes Krokodil bin, kann ich meine Luftballons ja mit euch teilen. Kinder, wer von euch möchte einen echten Kroko-Geburtstags-Luftballon?

Verteilt die Luftballons an die Kinder.
Bei mehr als sechs Kindern verteilen Sie die Luftballons erst nach Ende des Stücks, so vermeiden Sie Gedränge und Geschupse vor der Bühne.

Kasperl: So und jetzt müssen wir schnell die Gretl finden. Die sucht ja immer noch nach dem Koffer. Auf Wiedersehen, Kinder! Bis zum nächsten Mal.

Beide gehen singend ab.

Kasperl: Tri tra trallala, das Krokodil wird 100 Jahr.

Krokodil: Tri tra trallala, ich werde heute 100 Jahr.

ENDE

Kasperl und das Schlossgespenst

- Spieldauer: ca. 20'
- Anzahl der Spieler: 1–2
- Anzahl der Figuren: 4
- Alter: ab 3 Jahre
- Anlass: Geburtstag

Inhalt

Kasperl und die Prinzessin sind zum Geburtstagsfest eingeladen. Doch der Räuber hat das Geburtstagsgeschenk gestohlen. Wie gut, dass im Schloss der Prinzessin ein Gespenst wohnt, das bei der Rückeroberung des Geschenks behilflich ist.

Spielfiguren

- Kasperl
- Prinzessin
- Räuber
- Gespenst

Requisiten

- Geburtstagsgeschenk
- Kleine Holzstöcke

Kulissen

- Schloss
- Wald

Musik

- Tröte

Profi-Tipp

- Hängen Sie sich die Tröte um den Hals, dann haben Sie sie immer griffbereit!

Das Gespenst

Das Gespenst ist gutmütig und hilfsbereit und erschreckt mit großer Freude die Bösewichter. Es spricht langsam und betont jedes Wort. Seine Stimme klingt hohl und hallend. Am liebsten tritt es mit seiner unheimlichen Spukfanfare in Erscheinung: »Huhuuuu!«

Es geht los!

1. AKT

Vorhang auf. Vor dem Schloss der Prinzessin. Kasperl tritt mit einem großen Paket auf.

Kasperl: Tri tra trallala, tri tra trallala, der Kasperl, der ist wieder da! Hallo liebe Kinder, seid ihr alle da?

Kinder antworten.

Ach Kinder, ich bin so aufgeregt. Leo (Name des Geburtstagskindes) hat mich heute zu seinem Geburtstagsfest eingeladen. Ich mag Geburtstagsfeste für mein Leben gerne. Da treffe ich alle meine Freunde, kann lustige Spiele spielen und Kuchen essen, soviel ich will. Schaut einmal, Kinder! Das ist mein Geburtstagsgeschenk für Leo. Das stelle ich hier hin. Ich hole nur schnell die Prinzessin ab. Die Prinzessin kommt nämlich auch mit auf das Geburtstagsfest. Kinder, könnt ihr inzwischen auf das Paket aufpassen?

Kinder bejahen.

Danke schön. Ich bin gleich wieder da.

Geht pfeifend ab

Räuber tritt auf und grölt aus vollem Halse.

Räuber: ... Lustig ist es im Räuberwald, wenn des Räub ... 6 *(siehe S. 35)*

Sieht das Paket, hört auf zu singen und stutzt

Hohoooo – was sehen meine gierigen Räuberaugen? Ein herrenloses Paket! Und so hübsch verpackt! Das hat sicher jemand vergessen, was meint ihr Kinder?

Kinder protestieren.

Ach so, dem Kasper-Knilch gehört es.

Schaut sich verstohlen um, ob der Kasperl irgendwo auftaucht

Nicht mehr lange!

Nimmt das Paket

Jetzt gehört das Paket mir. Hohoho! Das nehme ich mit in meine Räuberhöhle. Dort werde ich es in aller Ruhe auspacken! Hohoho! So ein hübsches Paket stiehlt man nicht alle Tage. Hohoho!

Geht grölend ab

Kasperl und Prinzessin treten auf.

Kasperl: Ach so, einen Erdbeerkuchen gibt es bei Leo.

Prinzessin: Ja, ja, das hat mir Leo gestern ...

Kasperl zeigt auf den Platz, auf dem vorhin noch das Geschenk gelegen hat und erschrickt.

Kasperl: Oh jemine, Prinzessin! Schau nur! Das Geschenk ist weg!

Prinzessin: Oh!

Kasperl: Wie kann das sein? Kinder, habt ihr das Paket versteckt?

Kinder erzählen, was vorgefallen ist.

Was sagt ihr? Ein Räuber hat es gestohlen? Das war sicher der Räuber Krautkopf, der Oberhalunke! Wohin sagt ihr, hat er das Paket gebracht, in seine Räuberhöhle? Kinder, das lassen wir uns nicht gefallen. Dem werden wir es zeigen! Aber wie? Kinder habt ihr eine Idee?

Kinder bringen Vorschläge z. B. zur Räuberhöhle zu gehen.

Ihr traut euch alleine zur Räuberhöhle zu gehen? Aber der Räuber ist gefährlich. Der hat ein großes Räubermesser!

Prinzessin: Ich habe eine gute Idee. Ich frage das Schlossgespenst, ob es uns hilft.

Kasperl: Welches Schlossgespenst denn?

Prinzessin: Gugu Gruselix, das Schlossgespenst auf unserem Schloss!

Kasperl: Gugu Grausefix? Das klingt aber nicht besonders einladend.

Prinzessin: Keine Angst, Kasperl. Gugu Gruselix ist ein nettes Gespenst. Es kommt mich jede Nacht besuchen. Manchmal bringt er mir sogar einen Kaugummi mit.

Legt den Finger auf den Mund

Psst, aber nicht meinem Vater, dem König, verraten! Der weiß nichts von Gugu.

Kasperl: Ja, aber was kann dein liebes Schlossgespenst dem bösen Räuber tun?

Prinzessin: Ihn erschrecken! Gugu Gruselix sieht nämlich sehr gruselig aus. Und Gugu liebt es, fremden Menschen so richtig Angst einzujagen.

Kasperl: Prinzessin, das ist eine vortreffliche Idee. Hahaha, das wird lustig, wenn dem Räuber vor Angst die Zähne klappern. Und während Gugu dem Räuber so richtig das Fürchten lehrt, verschwinde ich in die Räuberhöhle und hole das Paket.

Prinzessin: So machen wir es. Ich laufe gleich und wecke Gugu Gruselix. Wo wollt ihr euch treffen?

Kasperl: Am besten treffen wir uns im Räuberwald.

Prinzessin: In Ordnung. Ich schicke Gugu Gruselix in den Räuberwald. Auf Wiedersehen!

Kasperl: Auf wieder sehn, Prinzessin.

Prinzessin geht ab.

Kinder, ein Schlossgespenst ... Ganz wohl ist mir nicht bei dem Gedanken. Habt ihr Angst vor Gespenstern?

Kinder antworten.

Wisst ihr was, Kinder? Ihr begleitet mich in den Räuberwald. Dann habe ich nicht so einen Bammel. Kommt, gehen wir!

Geht singend ab: »Wir gehen in den Räuberwald ...«. Vorhang zu

2

(siehe S. 32)

2. AKT

Vorhang auf. Räuberwald und Räuberhöhle. Holz liegt auf der Bühne.
Eine Tröte scheppert. Gugu Gruselix schwebt auf die Bühne.

Gespenst: Huhuuu, Hahaa, was ist denn das?

Spuken macht mir Riesen-Spaß!

Ich spiele gern verstecken,

um dich zu erschrecken!

Ich bin Gugu Gruselix, das alte Schlossgespenst!

Wenn ich dich erschrecke, weiß ich, dass du rennst!

Huhuuu, Hahaa! Huhuuu, Hahaa!

Gespenst schwebt mit Trötengeschepper davon. Kasperl tritt pfeifend auf.

Kasperl: Hallo Kinder! Willkommen im Räuberwald. Habt ihr unser Schlossgespenst schon gesehen?

Kinder antworten. Kasperl schaut sich um.

Wo? Ich sehe nichts?

Tröte scheppert. Das Gespenst taucht kurz auf. Die Kinder zeigen darauf.
Sobald sich Kasperl nach dem Gespenst umdreht, ist es wieder untergetaucht.
Plötzlich steht Gugu vor dem Kasperl. Tröte ertönt.

Gespenst: Huhuuu, Hahaa, Gugu Gruselix ist da!

Kasperl: Huch, Hilfe! Ein fliegender Putzlappen! Du ... du ... du bist sicher das ne ... ne ... nette Schlo ... Schlo ... Schlossgespenst von der Prinzessin? A ... A ... Aber du sollst nicht mich erschrecken, sondern den Räuber!

Gespenst: Huhuuu, Hahaa! Zum Spuken ist Gugu immer da!

Kasperl: Ja, ja! Ich sehe schon, Leute erschrecken kannst du ausgezeichnet, Gugu. Jetzt pass auf! Wir warten, bis der Räuber Krautkopf aus seiner Räuberhöhle kommt. Dann kannst du ihn so richtig erschrecken! Und während der Räuber vor dir davonrennt, spaziere ich in seine Höhle und hole das Geschenk.

Aus der Räuberhöhle hört man den Räuber sein Lied grölen. 6 *(siehe S. 35)*

Gugu, es geht los! Versteck dich!

Kasperl und Gugu verstecken sich. Räuber tritt auf.

Räuber: So, jetzt suche ich Holz für mein Lagerfeuer. Und dann packe ich in aller Ruhe meine Beute aus.

Tröte scheppert. Gespenst taucht von unten direkt vor dem Räuber auf, spukt kurz und verschwindet gleich wieder.

Huch, was war denn das? Ach nichts! Ich gehe jetzt Holz hol ...

Tröte scheppert. Gespenst taucht hinter dem Räuber auf, zieht ihn kräftig am Hut und verschwindet gleich wieder.
Räuber dreht sich um, sieht aber wieder niemanden. Verärgert

Ja Sapperlott und Räuberzehe! Schlaf ich oder träum ich? Jetzt hab ich es genau gespürt. Da hat jemand an meinem Räuberhut gezogen. Kinder, ward ihr das etwa?

Kinder verneinen.

Alles Humbug! Ich gehe jetzt endlich Holz ho ...

Tröte scheppert. Das Gespenst taucht heulend auf und bleibt am Bühnenrand stehen.

Gespenst: Huhuuu ...

Räuber dreht sich gar nicht mehr um und beginnt Holz aufzuheben. Gelangweilt

Räuber: Von wegen Huhuuu, diesmal lasse ich mich nicht mehr zum Narren halten. Dieser Uhu kann mir gestohlen bleiben!

Gespenst: Huhuuu, Hahaaa, Gugu Gruselix ist da!

Räuber dreht sich ruckartig um, sieht das Gespenst und lässt das Holz zu Boden fallen. Beginnt vor Schreck zu stottern

Räuber: Ahhh, Hilfe! Ein G ... ein G ... ein Geist.

*Gugu verfolgt den Räuber und kichert und spukt schaurig.
Räuber versteckt sich um Hilfe rufend hinter dem Vorhang und schaut nur mehr mit dem Kopf heraus. Gugu verschwindet für kurze Zeit hinter der Bühne.*

Kinder, ist das Ungeheuer fort?

Kinder bejahen. Räuber kommt erleichtert aus seinem Versteck hervor. Überheblich

Ja, ja. Was soll's! Eigentlich habe ich vor so einem lumpigen Leintuch keine Angst.

Gugu erscheint von unten, direkt vor dem Räuber.

Gespenst: Huhuuu, Hahaaa, Gugu Räuberschreck ist wieder da!

Räuber: Hi ... Hi ... Hilfe! ... Bi ... Bi ... Bitte Gulix, tu mir nix!

*Räuber geht langsam nach hinten. Gugu schwebt ihm heulend nach und drängt ihn zum Bühnenrand. Eine Verfolgungsjagd beginnt. Beide verschwinden hinter dem Vorhang und tauchen auf der anderen Seite wieder auf.
Kasperl kommt in der Zwischenzeit unbemerkt aus seinem Versteck hervor.*

Kasperl: Kinder, kommt! Wir gehen jetzt in die Räuberhöhle und holen uns das Geburtstagsgeschenk vom Räuber Krautkopf wieder.

Verschwindet in der Räuberhöhle. Gespenst und Räuber jagen spukend und grölend hintereinander her. Sobald sie wieder hinter der Bühne verschwunden sind, kommt Kasperl mit dem Geburtstagsgeschenk aus der Räuberhöhle.

Kasperl: Kinder! Gugu! Wir haben das Paket wieder! Jetzt aber schnell zum Geburtstagsfest. Gugu, lass den alten Krautsalat ein bisschen verschnaufen.

Kasperl versteckt sich. Gespenst und Räuber tauchen wieder auf der Bühne auf.

Räuber: Gugu, wa ... wa ... was willst du von mir?

Gespenst: Du sollst nicht mehr böse sein, dann schwebt Gugu wieder heim!

Räuber: Böse? N ... N ... Nein, ich will bestimmt nicht mehr böse sein! Und kein bisschen mehr stehlen! Und auch dem Kasperl kein bisschen mehr wegnehmen. Und ganz lieb zur Prinzessin sein und ...

Kasperl: Gugu, komm, wir gehen!

Kasperl geht ab. Gugu schwebt heulend hinter ihm her. Tröte scheppert.

Räuber: Kinder, ist der Gugu-Schreck jetzt weg?

Kinder antworten.

Och, bin ich froh, och bin ich froh ... Ist das eine Aufregung ... Jetzt brauche ich einen Räuberschnaps! Das war zu viel für mich!

Geht stöhnend ab. Vorhang zu

3. AKT

Vorhang auf. Vor dem Schloss der Prinzessin. Kasperl und die Prinzessin treten auf. Kasperl hält das Paket in der Hand.

Kasperl: Also das hättest du sehen sollen, Prinzessin! Wie der Räuber gezittert hat, als er Gugu gesehen hat. Und wie er gelaufen ist!

Prinzessin: Ja, ja ich weiß. Herumgeistern und Leute erschrecken kann Gugu Gruselix sehr gut.

Kasperl: Das Geschenk aus der Räuberhöhle zu holen war gar nicht mehr schwierig. Nicht wahr, Kinder?

Kinder antworten.

So und nun können wir das Paket endlich unserem Geburtstagskind überreichen. Ja, wo ist denn Leo?

Ruft den Namen des Geburtstagskindes.
Dieses kommt vor zur Bühne und holt das Geschenk.

Alles Gute, Leo!

Sobald das Kind wieder auf seinem Platz ist, singen alle gemeinsam das Geburtstagslied.

Kasperl: Und nun lasst uns alle den versprochenen Erdbeerkuchen essen. Auf Wiedersehen, Kinder! Bis zum nächsten Mal.

Beide gehen winkend ab.

Variante für 1 Spieler

Der erste Akt beginnt unverändert. Am Ende schlägt die Prinzessin vor, das Gespenst alleine in den Räuberwald zu schicken. Die Kinder werden es begleiten. Im 2. Akt tritt Kasperl demnach nicht auf. Das Gespenst ärgert den Räuber so lange, bis dieser mit dem Geschenk herausrückt und hoch und heilig verspricht, nie wieder zu stehlen. Im 3. Akt überbringt das Gespenst der Prinzessin das Diebesgut. Sobald das Gespenst abgetreten ist, tritt auch schon der Kasperl auf und beide können das Geschenk nun dem Geburtstagskind überreichen.

ENDE

Gretl und die Furzelwurzel

- Spieldauer: ca. 20'
- Anzahl der Spieler: 2
- Anzahl der Figuren: 5
- Alter: ab 3 Jahre
- Anlass: zu jeder Zeit

Inhalt

Gretl hat beim Kinderfest viel zu viel Erdbeertorte gegessen und ist nun von schrecklichem Bauchweh geplagt. Dagegen hilft nur eins: die Furzelwurzel. Kasperl und Seppl machen sich auf in den Hexenwald, um die Furzelwurzel für Gretl zu holen.

Spielfiguren

- Kasperl
- Seppl
- Gretl
- Hexe
- Drache

Requisiten

- Girlanden, Papierschlangen, Luftballons
- Taschenlampe
- Schaufel
- 2 Äste als Fichtenbäume
- Furzelwurzel (großer Grissino)
- Stein

Kulissen

- Drachenhöhle mit Stalaktiten aus Papier
- Kinderfest
- Hexenwald

Musik

- Trommel
- Rassel

Der Drache

Der Drache grölt mit tiefer, unheimlicher Stimme. Er giftet seine Widersacher an und faucht unverständliches Zeug. Sinnvolle Sätze bringt er keine heraus. Für die Drachenrolle können Sie die Krokodil-Puppe nehmen und ihr Zacken und ein Flügel-Paar auf den Rücken nähen.

Es geht los!

VORSPIEL

Kasperl tritt vor geschlossenem Vorhang auf.

Kasperl: Tri tra trallala, tri tra trallala, der Kasperl, der ist wieder da! Hallo liebe Kinder, seid ihr alle da?

Kinder antworten.

Ach Kinder, geht es mir heute gut! Ich bin so guter Dinge! Ich freue mich so! Wisst ihr warum? Soll ich es euch verraten?

Kinder bejahen.

Die Gretl hat mich zum Kinderfest eingeladen. Und bei so einem Kinderfest gibt es viele lustige Spiele und sicher wieder einen wunderbaren Kuchen. Wollt ihr auch mitkommen, Kinder?

Kinder antworten.

Gut, dann helft mir mal den Vorhang aufziehen.

Zieht den Vorhang auf

Hau ruck! Hau ruck! Hau ruck!

1. AKT

Kinderfest mit Girlanden, Papierschlangen und Luftballons

Kasperl: Oh, wie bunt hier alles ist auf dem Kinderfest. Schaut einmal, Kinder!

Seppl tritt auf.

Ahh, da kommt ja schon der Seppl. Hallo Seppl!

Seppl: Hallo Kasperl. Du bist aber spät dran. Von dem ganzen Kuchen ist nicht mehr viel übrig.

Kasperl: Kinder, habt ihr das gehört? Da kommt man 5 Minuten zu spät zum Kinderfest und schon hat unser Seppl alles aufgemampft.

Seppl: Halt, halt, das war ich nicht alleine. Frag nur die Gretl.

Kasperl: Ach ja, die Gretl. Wo ist sie denn überhaupt? Gretl, Gretl! ... Kinder, helft mir die Gretl rufen. Gretl, Gretl!

Gretl tritt stöhnend auf.

Gretl: Auuuuuu! Auuuuuu! Auuuuuu!

Kasperl: Hallo Gretl. Ja, was ist denn mit dir los? Du heulst ja wie ein verkühlter Löwe.

Gretl: Kasperl, ich habe ... Auuuuuu!

Kasperl: Nun sag schon, Gretl!

Gretl: Auuuuuu! Auuuuuu! Auuuuuu!

Kasperl: Seppl sag, was hat das arme Gretelchen?

Seppl: Ich weiß auch nicht, vorher hat die Gretl noch ganz quietschfidel Erdbeertorte gegessen.

Kasperl: Gretl, wie viel Erdbeertorten-Stücke befinden sich jetzt in deinem Bauch?

Gretl schaut zu ihrem Bauch hinunter.

Gretl: Ahmm ... 1 – 2 – 3 – ...

Wird immer leiser und zählt für sich weiter. Kasperl schaut sie erstaunt an. Dann flüstert sie Kasperl die Zahl ins Ohr.

Kasperl: Waaaas?! Zehn? Zehn riesen-mega-galaktische Stück Erdbeertorte in diesem winzig kleinen Gretl-Bauch? Da wundert mich nichts mehr.

Gretl nickt schuldbewusst.

Gretl: Mhm. Und jetzt habe ich solche Bauchschmerzen. Ich kann mich kaum noch rühren. Auuuu! Es zwickt und zwackt! Auuuu! Es zieht und zerrt! Auuuu! Ich reiße mir gleich meinen eigenen Bauch heraus.

Kasperl: Kinder, habt ihr das gehört? Ein typisches Zeichen von Erdbeertorten-Vergiftung. Da hilft nur eins: Furzelwurzel kauen. Gretl hast du Furzelwurzel zu Hause?

Gretl: Nein. Auuuu!

Kasperl: Kinder, hat jemand von euch eine Furzelwurzel dabei?

Kinder verneinen.

Ja, dann holen wir eben eine.

Seppl: Aber ohne mich, Kasperl! Du weißt, wo die Furzelwurzel wächst! Ich geh da nicht hin!

Kasperl: Ich weiß, wo sie wächst. Im Hexenwald. Aber wir müssen hin, sonst können wir der Gretl nicht helfen. Wir müssen die Furzelwurzel aus dem Hexenwald holen. Kinder, kommt ihr mit und helft mir?

Kinder antworten.

Seppl, komm auch mit, wir brauchen dich unbedingt.

Seppl: Ja gut, aber nur der Gretl zu Liebe. Und wenn's mir zu gefährlich wird, dann laufe ich sofort zurück.

Gretl: Oh, danke Seppl, und dir Kasperl, und euch Kinder, dass ihr diese Gefahr wegen mir auf euch nehmt!

Kasperl: Auf Wiedersehen, Gretl, wir sind bald zurück. Komm Seppl, kommt Kinder. Wir holen Taschenlampe und Schaufel und dann geht's auf in den Hexenwald.

Beide treten ab. Vorhang zu

2. AKT

Vorhang auf. Hexenwald. Kasperl tritt mit eingeschalteter Taschenlampe auf. Leuchtet kurz ins Publikum. Seppl geht verängstigt mit der Schaufel hinterher. Bühnenbeleuchtung verringern, damit es finsterer wird und man die Taschenlampe besser sieht!

Kasperl: Ahh! Da ist ja der Hexenwald. War gar nicht schwer zu finden.

Plötzliches Heulen. Seppl zuckt zusammen, klemmt sich ängstlich an Kasperls Rockzipfel.

Seppl: Huch, Kasperl, hast du das gehört? Ein Gespenst! Ich mach gleich in die Hose.

Kasperl: Nein, nein, das war nur eine Eule. Komm nur, Seppl! Kinder, habt ihr Angst?

Kinder antworten.
Plötzliches Rauschen

Seppl: Ka ... Ka ... Kasperl, da hat sich etwas bewegt. Ich hab Angst. Die Hexe Donnerknall kommt!

Kasperl: Nein, nein, das sind nur die Äste von den Bäumen, die sich im Wind biegen. So, da vorne sehe ich schon die zwei Fichten. Hier drunter wächst die Furzelwurzel. Seppl, gib mir die Schaufel. Halte du die Taschenlampe.

Sie tauschen Taschenlampe und Schaufel. Kasperl beginnt zu graben.

So, genau hier unter der Erde wächst die Furzelwurzel. Hau ruck, hau ruck! – Ahh, da spüre ich schon etwas Hartes. Das muss die Furzelwurzel ...

Plötzlich springt die Hexe hinter dem Fichtenbaum hervor.

Hexe: Ha, wer wagt sich in meinen Hexenwald? Was habt ihr hier zu suchen?

Kasperl: Das ist aber eine freundliche Begrüßung, Hexe Donnerknall. Aber keine Angst. Wir sind gleich wieder draußen aus deinem finsteren Stübchen.

Seppl: Ja, ja, ich gehe schon.

Vor Aufregung geht er direkt auf die Hexe zu und leuchtet ihr direkt in die Augen.

Hexe: He, du Dummkopf, du blendest mich mit deiner Kerze. Blas gefälligst deine Kerze aus. Sonst hexe ich einen Kerzen-Ausblas-Wind.

Kasperl: Kinder, ich glaube, die alte Donnerknall hat noch nie eine Taschenlampe gesehen.

Zur Hexe

Probier's doch, Hexe Hühnerstall ... äh, ich meine Donnerknall! Zaubere nur deinen Wind! Davon geht unsere Kerze nicht aus. Eher bläst dir der Wind deinen letzten Zahn aus deinem Mund.

Hexe: Du wirst mir langsam zu frech, du Mützen-Würstchen. Und der kleine Kerzenständer da drüben auch. Verschwindet sofort von hier, oder ich verhexe euch in zwei Glühwürmchen! Dann könnt ihr leuchten, soviel ihr wollt.

Kasperl: Wir verschwinden fast ganz sofort. Wir graben nur noch schnell die Furzelwurzel aus. Weißt du, allerliebste Hexe Donnerknall, die Gretl hat nämlich fürchterliche Bauchschmerzen. Und wie du selber weißt, hilft dagegen nur die Furzelwurzel.

Hexe: Hihihi, sehr gut!

Lacht höhnisch

Die Bauchschmerzen soll eure Gretl nur behalten. Furzelwurzeln findet ihr hier gleich keine mehr. Ich hexe die Furzelwurzel jetzt weg:

Eidapfui und Eidagraus, Furzelwurzel komm heraus!

Eidapfui und Eidadpföhle! Furzelwurzel sei in der Drachenhöhle!

Trommelschlag. Die Hexe verschwindet höhnisch lachend.

Seppl: Komm Kasperl, ich sterbe vor Angst und mach gleich noch einmal in die Hose. Lass uns abhauen. Schnell!!

Kasperl: Abhauen? Kommt nicht in Frage! Der alten Donnerstall werden wir es zeigen. Wir holen uns die Furzelwurzel.

Seppl: Ja, aber, hast du nicht gehört, wohin die Knall-Donner die Wurzel hingefurzelt hat?

Kasperl: Ja, in die Drachenhöhle, na und? Kinder, habt ihr Angst vor der Drachenhöhle?

Kinder antworten.

Ja, dann auf zur Drachenhöhle.

Beide gehen ab. Vorhang zu

3. AKT

Vorhang auf. Vor der Drachenhöhle. Hinter einem großen Stein liegt der Drache und schnarcht fürchterlich. Kasperl und Seppl schleichen sich an. Sie verstecken sich hinter einem Baum.

Seppl: Kasperl, hörst du das? Ich will nach Hause!!!

Kasperl: Keine Angst Seppl, das schaffen wir schon. Bleib nur hier. Ich habe einen Plan: Ich ärgere den Drachen ein wenig mit meiner Taschenlampe, hihihi!

Leuchtet den Kindern mit der Taschenlampe ins Gesicht und lacht schelmisch

Sobald der Drache herauskommt, läufst du, Seppl, in die Höhle und nimmst die Furzelwurzel.

Seppl: Ja, aber, aber ... wenn der Drache Feuer spuckt? Oder wenn er mich auffrisst?

Kasperl: Das wird er nicht. So ein zähes Seppl-Fleisch, noch dazu mit Erdbeertorte im Bauch. Das schmeckt doch keinem Drachen. Und jetzt los, Seppl, verstecke dich! Kinder, ihr müsst ganz leise sein.

Kasperl geht zur Höhle. Leuchtet zuerst die Kinder an, schwenkt dann den Lichtkegel genau auf den Drachen. Der Drache bewegt sich kurz, grunzt und schläft dann weiter.

Kasperl: Wach doch endlich auf, du fauler Schnarch-Haufen!

Kasperl geht näher zum Drachen und blendet ihn weiter. Der Drache wacht auf und schaut schnaubend umher.

Kasperl: Ahh endlich! Ich glaub der faule Feuerspucker hat's kapiert. So, und nun komm heraus, Drache!

Drache: Uff. Uff. Uff. Böähhh!

Kriecht verwirrt schnaubend auf die Lichtquelle zu

Drache: Uff. Uff. Uff. Böähhh! Uff. Uff!

Kasperl springt jauchzend auf einen Baum und leuchtet auf den Drachen herunter. Dieser reckt sich geblendet nach oben. Eine kleine Hetzjagd beginnt, bei der sich Kasperl immer versteckt, dann unerwartet aus einer anderen Ecke wieder hervorspringt und den Drachen blendet. In der Zwischenzeit schleicht Seppl in die Drachenhöhle und kehrt mit der Furzelwurzel zurück. Der Drache ist nun fuchsteufelswild.

Seppl: Ich hab die Furzelwurzel. Komm, schnell weg!

Kasperl: Ja, gut. Ich komme gleich.

Zum Drachen

So du elender Feuerspucker! Hier hast du gutes Futter.

Hält ihm die Taschenlampe hin. Der Drache frisst ahnungslos die Taschenlampe, spuckt sie aber gleich wieder angeekelt aus. Die Taschenlampe verschwindet hinter der Bühne.

Drache: Uff. Uff. Bähhh! Uff. Uff!

Schaut sich nach allen Seiten um. Kann den Kasperl nicht mehr finden und zieht sich grunzend in seine Höhle zurück. Vorhang zu

4. AKT

Vorhang auf. Kinderfest. Kasperl und Seppl treten auf. Seppl hält die Furzelwurzel in der Hand.

Kasperl: So Kinder, das hätten wir geschafft.

Seppl: Dieses lustige Kinderfest hier ist mir 1000 Mal lieber als die finstere, stinkende Drachenhöhle!

Kasperl: Ja, nun müssen wir nur noch die Gretl finden. Gretl, Gretl!

Gretl tritt stöhnend auf.

Gretl: Auuuu! Da seid ihr ja! Ich halte es nicht mehr aus! Auuuu, mein Bauch tut so weh!

Seppl: Hier ist die Furzelwurzel. Dafür habe ich mit wilden Hexen gekämpft und 12 feuerspeiende Drachen besiegt.

Kasperl: Ah ja, und feuchte Hosen bekommen hat er auch!

Gretl: Ach Seppl, danke dir. Du bist ein Held.

Küsst Seppl und nimmt die Furzelwurzel

Seppl: Du musst sie fest kauen, dann gehen deine Bauchschmerzen sofort weg.

Gretl schmatzt hörbar an der Furzelwurzel.

Gretl: Mmmmm, schmeckt gut. Habt ihr noch von dem Zeug?

Kasperl: Hurra, die Gretl hat wieder Appetit. Sind deine Bauschschmerzen auch vorbei?

Gretl: Ehm – ja! Mein Bauchweh ist verschwunden! Danke, Kasperl, danke, Seppl. Und euch Kinder, vielen Dank. Jetzt kann ich endlich weiterfeiern.

Kasperl: Willst du vielleicht noch ein Stück Erdbeertorte?

Gretl: Nein, nein, besser nicht.

Kasperl: Ja, zum Glück ist unsere Geschichte doch noch gut ausgegangen.
Auf Wiedersehen, Kinder! Bis zum nächsten Mal.

Alle treten lachend ab. Vorhang zu

ENDE

Kasperl und sein kleiner Bruder

- Spieldauer: ca. 15’
- Anzahl der Spieler: 2
- Anzahl der Figuren: 3
- Alter: ab 2,5 Jahre
- Anlass: zu jeder Zeit

Inhalt

Kasperl und Seppl bereiten das Frühlingsfest vor. Luisl, Kasperls kleiner Bruder, ärgert sich, weil er nicht mithelfen darf und bringt die Vorbereitungen durcheinander.

Spielfiguren

- Kasperl
- Seppl
- Luisl

Requisiten

- Hut und blaue Schürze
- Girlande mit Doppelkleber versehen
- 2 große Luftballons
- 2 Wäscheklammern oder Klebestreifen
- Vase mit roter Rose
- Stecknadel
- Erdbeerkuchen
- 1 kleiner Ast als Holznagel
- Hammer

Kulissen

- Frühlingsfest

Luisl

Luisl ist Kasperls jüngerer Bruder. Er teilt das Los von so manchen jüngeren Geschwistern: Sie werden oft von den älteren ausgeschlossen und dürfen nicht mitspielen. Deshalb will Luisl mit kleinen Gemeinheiten die Aufmerksamkeit von Kasperl auf sich ziehen. Er verhält sich trotzig und hinterlistig, ist aber im Grunde ein netter Kerl. Nehmen Sie für den Luisl einfach eine andere Puppe, die Gretl beispielsweise, verstecken Sie ihre langen Haare unter einer Mütze. Luisl spricht mit hoher, kindlicher Stimme, frech und trotzig.

Es geht los! ▶

VORSPIEL

Luisl tritt vor geschlossenem Vorhang auf.

Luisl: Tri tra trallala, tri tra trallala, heut ist einmal der Luisl da! Ja, was schaut ihr denn so, Kinder? Heute bin eben ich da. Ich weiß, alle wollen immer nur den Kasperl sehen. Alle finden meinen großen Bruder Kasperl toll. Kasperl hier, Kasperl da ... Mich, den Luisl, will niemand haben. Nur weil ich der Kleinere bin. Dabei bin ich genau so nett und genau so lustig. Und euer Kasperl, ja, von dem kann ich euch Geschichten erzählen, Kinder! Euer Kasperl ist nicht immer so nett und hilfsbereit und lieb, wie alle glauben. Jetzt zum Beispiel: Kasperl und Seppl bereiten gerade das Frühlingsfest vor. Und mich, den Luisl, lassen sie nicht mithelfen. Überhaupt lässt mich der Kasperl nie mitspielen. Aber dem werde ich es schon zeigen! Und ich habe auch schon eine Idee, wie ich ihn so richtig ärgern kann. Passt gut auf Kinder!

Geht ab

1. AKT

Vorhang auf. Das Frühlingsfest wird vorbereitet. Eine Girlande hängt über dem Bühnenrand. Zwei Luftballons hängen schon links und rechts am Vorhang. Einer davon ist ohne Knoten direkt mit einer Wäscheklammer oder einem Klebestreifen am Vorhang befestigt. Kasperl tritt auf. Er hält eine Blumenvase mit einer Rose in der Hand.

Kasperl: Tri tra trallala, tri tra trallala, der Kasperl, der ist wieder da! Hallo liebe Kinder, seid ihr alle da?

Kinder antworten.

Ja schön. Schaut mal, das ist die erste Rose aus meinem Frühlingsgarten. Ist sie nicht schön? Mmh! Und wie sie duftet! Damit schmücke ich unseren Festsaal. Heute feiern wir nämlich unser Frühlingsfest. Ihr seid natürlich auch eingeladen, Kinder. Sobald wir fertig sind mit dem Dekorieren, beginnt das Fest.

Stellt die Vase auf die Ablage. Seppl tritt gähnend auf.

Seppl: Hallo Kasperl!

Kasperl: Hallo Seppl, gut, dass du endlich da bist. Du kannst gleich mithelfen.

Seppl: Langsam, langsam! Ich bin vor fünf Minuten aufgestanden. Da kann ich mich nur ganz langsam bewegen und sehen tu ich auch noch nichts.

Geht an der Rose vorbei und sticht sich

Autsch, du stachelige Stechstaude! Was fällt dir ein, mich zu pieksen?

Kasperl: Oh, danke, liebe Stechstaude, du hast es geschafft! Jetzt ist der Seppl richtig aufgewacht!

Seppl: Ja, das bin ich! Und schwer verletzt! Au, Au! Also, was soll ich tun?

Kasperl: Du kannst die Girlanden aufhängen. Ich gehe inzwischen zur Großmutter und hole den Erdbeerkuchen. Bis gleich.

Geht singend ab 7 *(siehe S. 89)*

Seppl: Ja, ja! Bis gleich!

Seppl nimmt eine Seite der Girlande und zieht sie langsam über die Bühne.

Hau ruck, hau ruck! Ach, Kinder, ist das anstrengend. Und diese Girlande soll ich jetzt da ganz oben aufhängen? Och, ist das hoch! Och, ist das anstrengend! Eigentlich bin ich ja noch ganz, ganz, ganz müde ...

Gähnt, sinkt nieder, schläft ein und beginnt zu schnarchen. Von der anderen Seite tritt Luisl auf.

Luisl: Hihihi! Dem Kasperl werde ich das Fest richtig verpatzen. Seine Schuld, wenn er so einen verschlafenen Waschlappen als Freund hat. Dieser schöne Luftballon gehört jetzt mir.

Nimmt den Luftballon ohne Knoten vom Vorhang. Dieser fliegt in hohem Bogen ins Publikum. Dabei schrickt der Seppl im Schlaf hoch, plappert Unverständliches und schnarcht dann weiter.

Hui, das macht Spaß! Eine Rakete rast durch die Luft. Kinder, aufgepasst! Ob der andere Luftballon auch so schön durch die Luft raketen kann!

Geht am Seppl vorbei zum anderen Luftballon

Du Seppl, du, lass dich nur nicht von mir stören! Schlaf ruhig weiter!

Nimmt den 2. Luftballon vom Vorhang. Dieser ist mit einem Knoten zugebunden und fliegt nicht davon.

Dieser Luftballon fliegt ja gar nicht davon! Auch gut, dann nehme ich ihn eben mit.

Geht an der Rose vorbei und berührt sie mit dem Luftballon. Dieser zerplatzt. Mit einer Stecknadel von unten nachhelfen

Luisl: Huch, Hilfe, was war das? Ah, diese dumme Rose, hat meine Rakete gestochen. Gut, dann nehme ich eben dich mit, du Stech-Rose. Hihihi!

Nimmt die Rose und geht kichernd ab

Seppl schrickt auf.

Seppl: Huch! Hilfe! Es donnert! Ein Gewitter!

Kasperl kommt mit dem Erdbeerkuchen zurück und stellt ihn ab.

Kasperl: Hallo Kinder, hallo Seppl, hier bring ich den Erdbeerku ... Ja du liebes Böhnchen! Wie sieht es denn hier aus?

Seppl: Was, wo ist hier eine Maus?

Kasperl: Keine Maus! Wohl eher ein Siebenschläfer! Was ist passiert? Statt den Saal zu schmücken, hast du alles weggeräumt. Ja, wo ist denn die schöne Dekoration?

Seppl: I ... i ... ich weiß es nicht! Ich habe geschl ... Ich meine, ich habe versucht die Girlande aufzuhängen, aber ich bin ja viel zu klein. Die Luftballons, die sind wahrscheinlich durch die Luft davonballont!

Kasperl: Aha, davonballont! Zusammen mit meiner schönen Rose, was? Ach Seppl, hör auf zu träumen. Lass uns lieber die Girlande ordentlich aufhängen. Lauf und hole Hammer und Nagel, damit wir die Girlande an der Wand befestigen können.

Seppl geht ab. Aus dem Off

Seppl: Ah, da ist ein Nagel! Aber wo ist der Hammer? Hammer, wo bist du? Hammer! Hammer! Ich weiß genau, dass ich dich hier hingelegt habe. Kaaasperl! Der Hammer hat sich in Luft aufgelöst. Ich kann ihn nicht finden.

Kasperl: Ach Kinder, was machen wir bloß mit diesem Seppl? Der Gute ist heute zu nichts zu gebrauchen, außer zum Schlafen.

Ruft zum Seppl

Der Hammer ist wahrscheinlich auch durch die Luft ballont, was? Komm, Seppl, lass die Sucherei. Es hat keinen Zweck.

Seppl taucht wieder auf der Bühne auf.

Seppl: So, hier ist der Nagel. Vom Hammer leider keine Spur. Aber den brauchen wir ja nicht. Weißt du was Kasperl, ich schlage den Nagel mit meiner bloßen Hand hinein! Einfach so: bum! Ich bin stark, ich kann das!

Kasperl: Wir können es ja versuchen. Komm, steig auf meine Schultern.

Während Seppl versucht, auf Kasperls Schultern den Nagel in die Wand zu schlagen, tritt Luisl von der anderen Bühnenseite mit dem Hammer auf. Er flüstert zu den Kindern.

Luisl: Hihihi, hier ist der Hammer. Ich hatte ihn versteckt. Aber nun bringt der brave Luisl seinem lieben Bruder Kasperl den Hammer wieder. Bitteschön. Dafür habe ich mir jetzt den Erdbeerkuchen verdient. Ja, ja, den nehme ich mit.

Legt den Hammer ab und geht mit dem Erdbeerkuchen ab

Seppl: Au, du nutzloser Nagel! Statt in die Wand, bohrst du dich in meine Hand. Kasperl! Der dumme Nagel will nicht hinein!

Kasperl: Probier es noch einmal. Fester Seppl!

Seppl schlägt noch einmal auf den Nagel.

Seppl: So, geschafft! Der Nagel ist drinnen. Gib mir die Girlande herauf.

Hängt die Girlande mit dem Doppelkleber seitlich fest und steigt von Kasperls Schultern

Kasperl: Gut gemacht Seppl. Aber du bist ganz schön schwer!

Seppl: Nein, das bin nicht ich, das war bestimmt der Nagel.

Kasperl: Ja, ja! Aber nun hängt unsere schöne Girla …

Schaut zur anderen Seite und erblickt den Hammer

Kasperl: Potzblitz und Hühnerei! Da liegt er!

Seppl: Wer? Der Nagel?

Kasperl: Nein, der Hammer!

Seppl: Wa … wa … was, mein Hammer? Jetzt wo ich mir die Hand blutig geschlagen habe!

Kasperl: Aber dafür ist der schöne Erdbeerkuchen weg.

Seppl: Kasperl, das geht nicht mit rechten Dingen zu! Zuerst verschwindet alles und dann ist alles plötzlich wieder hier. Ich glaube, hier gibt es Gespenster! Kasperl, ich habe Angst!

Luisl tritt unschuldig auf.

Luisl: Soll ich vielleicht für euch den Erdbeerkuchen finden?

Seppl: Uch, Hilfe, das Gespenst!

Versteckt sich hinter dem Kasperl

Kasperl: Nein, nein, das ist nur Luisl, mein kleiner Bruder. Hallo Luisl. Wieso weißt du denn, wo der Erdbeerkuchen steckt?

Luisl: Ich habe ihn gerade gesehen!

Kasperl: Luisl ... bist du etwa das geheimnisvolle Gespenst, das hier sein Unwesen treibt? Luisl, gleich kommen die Gäste und du bringst hier alles durcheinander. Hast du denn nichts Besseres zu tun, als uns zu ärgern?

Luisl: Ja gut, wenn du mich nicht haben willst, dann gehe ich eben wieder.

Will abgehen

Kasperl: Halt! Zuerst rückst du den Erdbeerkuchen heraus.

Luisl: Tu ich nicht. Ihr lasst mich ja auch nie mitmachen. Immer spielst du mit dem Seppl und mit der Gretl. Und ich, der arme Luisl, bin immer alleine. Das ist so gemein. Ich kann doch nichts dafür, dass ich noch so klein bin.

Fängt an zu weinen

Kasperl: Aber wie soll ich denn mit dir spielen? Du störst uns doch andauernd. Nie hältst du dich an die Spielregeln, alles machst du kaputt! Das macht mir keinen Spaß.

Seppl: Halt ihr zwei Streithähne! Ich habe eine Idee. Luisl, du darfst jetzt mithelfen. Aber keine Dummheiten mehr! Nichts hinunterwerfen und nichts verschwinden lassen! Versprichst du das?

Luisl: Ja, ich verspreche es. Ich will ja nur mit euch zusammen sein.

Kasperl: Gut, einverstanden. Von mir aus kannst du ab jetzt immer mitspielen, wenn du keine Dummheiten mehr machst.

Luisl: Ja, ich bin ab jetzt ganz, ganz, ganz, ganz, brav. Und damit ihr es mir glaubt, bringe ich gleich den Erdbeerkuchen, die Rose und den Luftballon zurück.

Bringt nach der Reihe alles auf die Bühne

Kasperl: Danke, braver Luisl. Wenn wir zusammenhelfen, sind wir gleich fertig. Dann wird es doch noch ein schönes Frühlingsfest. Auf Wiedersehen Kinder!

Alle verbeugen sich und gehen winkend ab.

Sah ein Knab ein Röslein stehn

ENDE

Balthasar sucht das Jesukind

- Spieldauer: ca. 15'
- Anzahl der Spieler: 2
- Anzahl der Figuren: 4
- Alter: ab 3 Jahre
- Anlass: Weihnachtszeit

Inhalt

Balthasar, einer der Heiligen Drei Könige, ist mit seiner Goldtruhe auf dem Weg nach Bethlehem zum Jesukind. Er hat sich im Wald verirrt. Kasperl und der schwerhörige Jäger können ihm auch nicht weiterhelfen. Während sich Balthasar und Kasperl von ihrem mühevollen Marsch erholen, will Räuber Krautkopf die Goldtruhe stehlen. Doch ist das wirklich notwendig?

Spielfiguren

- Kasperl
- König Balthasar
- Jäger
- Räuber

Requisiten

- Äste
- Schatztruhe
- Tür zum Jägerhaus
- 1 Goldstück
- Beutel
- Komet (Stirnlampe einschalten, in einen Lampion geben und diesen an einer langen Stange befestigen)

Kulissen

- Wald
- Jägerhaus

Musik

- Trommel
- Glockenspiel

Es geht los!

1. AKT

Vorhang auf. Im Wald. Der Räuber tritt jammernd auf.

Räuber: Ach, dieses elende Räuberleben! Meine Geschäfte laufen schlecht! Nichts ist los! Kein Mensch geht in den Wald! Keiner, dem ich etwas Ordentliches stehlen kann. Vor Weihnachten ist es immer am schlimmsten. Alle hängen zu Hause herum, backen dumme Weihnachtskekse und basteln so komische Sterne, die kein Räuber braucht. Wovon soll ich, der arme Räuber Krautkopf, leben? Den ganzen Tag streife ich mutterseelenallein im Wald umher und nichts rührt sich!

Hört Kasperl hinter der Bühne singen

Oh, habt ihr das gehört! Menschenstimmen! Jetzt gibt es endlich Arbeit für mich!

Versteckt sich schnell hinter dem Bühnenvorhang, sodass ihn die Kinder ein wenig sehen und beobachtet alles

Kasperl tritt singend auf.

Kasperl: Tri, tra, trallala, tri, tra, trallala, der Kasperl, der ist wieder da! Hallo liebe Kinder, seid ihr alle da?

Kinder antworten.

Kinder, zeigt mir mal eure Hände. Habt ihr blaue Finger?

Kinder antworten.

Ich auch nicht. Aber die Großmutter. Die hat im Winter immer zu kalt und bekommt blaue Finger vor Kälte. Und wenn die Großmutter kalte Finger hat, meint sie, alle anderen Menschen hätten auch zu kalt. Mir läuft sie dann immer hinter her und sagt: Zieh deine Mütze an, vergiss die Handschuhe nicht, wickle dir einen warmen Schal um den Hals und so weiter und so weiter. Ach ja! Aber jetzt vor Weihnachten bin ich eben brav und tu, was die Großmutter sagt. Sonst kommt am Ende das Christkind nicht. Da schwitze ich lieber ein bisschen in meinen warmen Wollsachen. Deshalb bin ich jetzt auch hier im Wald. Ich sammle Holz für unseren Ofen. Großmutter schürt den ganzen Tag unseren Holzofen, damit sie weniger friert.

Hebt ein paar Äste auf

Glockenspiel erklingt. Balthasar, einer der Heiligen Drei Könige tritt auf. Er hält eine Schatztruhe in der Hand.

Kasperl: Guten Tag, wer bist denn du? Du bist wohl nicht aus dieser Gegend? Ich habe dich noch nie gesehen.

Balthasar: Grüß Gott, ich bin Balthasar, einer der Heiligen Drei Könige. Ich komme von weit her. Aus dem Morgenland.

Kasperl: Oh, Morgenland! Da begrüßt ihr euch wohl immer mit »Guten Morgen«, auch wenn es mitten in der Nacht ist?

Balthasar: Nein, nein! Bei uns geht die Sonne nur früher auf und es ist früher Morgen als bei euch.

Kasperl: Und was macht ein Morgenland-Mensch in unserem finsteren Wald?

Balthasar: Ich bin auf dem Weg zum Jesukind. Eigentlich sind wir zu dritt unterwegs. Caspar, Melchior und ich, Balthasar. Wir sind die Heiligen Drei Könige. Wir haben in unserem Morgenland einen Stern am Himmel gesehen, der einen Schweif hat und wundersam leuchtet – einen Kometen. Er soll uns zum Jesukind führen. Wir wollen das Jesukind anbeten und ihm Geschenke bringen. Sieh, hier in meiner Schatztruhe habe ich Gold für das kleine Jesukind.

Stellt die Schatztruhe ab. Kasperl schaut Sie bewundernd an.

Aber ich habe die anderen beiden Könige verloren und hier in diesem finsteren Wald kann ich den Stern nicht sehen.

Kasperl: Ja, wo wohnt denn das Jesukind?

Balthasar: In Bethlehem. Kennst du vielleicht den Weg nach Bethlehem?

Kasperl: Bethlehem ... Bethlehem ... – nie gehört. Kinder, kennt ihr vielleicht Bethlehem?

Kinder antworten.

Balthasar: Schade. Dann muss ich wohl weitersuchen. Auf Wiedersehen!

Kasperl: Hör mal, König Balthasar, ich kenne zwar den Weg nach Bethlehem nicht, aber ich kann dir helfen. Hier im Wald wohnt ein Jäger. Der hört ein bisschen schlecht, aber dafür kennt er sich hier aus. Der Jäger kennt hier im Wald jeden Weg, jeden Baum und jedes Reh. Sicher kennt er auch den Weg nach Bethlehem. Ich führe dich zu ihm!

Balthasar: Oh ja, das ist eine gute Idee! Danke!

Kasperl: Kinder, begleitet ihr uns zum Jägerhaus?

Kinder antworten.

Fein, dann lasst uns gehen!

Beide gehen ab. Plaudern während des Abgangs weiter

Balthasar: Wie heißt du eigentlich, du freundlicher Kerl?

Kasperl: Ich bin der Kasperl, der Freund der Kinder und der verirrten ...

Der Räuber kommt händereibend und triumphierend hinter dem Vorhang hervor.

Räuber: Hohoho! Habt ihr das gehört, Kinder! Heute ist mein Glückstag. Eine Schatztruhe spaziert durch den Wald! Die werde ich mir stehlen. Ich schleiche den beiden nach und so bald sie nicht aufpassen, schwups, gehört der ganze Goldhaufen mir! Dann bin ich der reichste Räuber weit und breit! Hohoho! Jetzt aber hinterher!

Tritt ab. Vorhang zu

2. AKT

Vor der Tür zum Jägerhaus

Kasperl: So Kinder, da sind wir! Hier ist das Jägerhaus. Mal schauen, ob der Jäger zu Hause ist.

Klopft an. 3 Trommelschläge ertönen. Nichts rührt sich.

Kasperl: Die Bude scheint leer!

Balthasar: Hast du nicht gesagt, dass der Jäger schlecht hört? Du solltest lauter klopfen.

Kasperl: Ja, stimmt.

Klopft mehrmals laut an. Mehrere Trommelschläge. Nichts rührt sich. Ruft laut

Jäger! Jäger! Bist du da?

Nichts rührt sich.

Nichts! Kinder, helft mir bitte den Jäger rufen.

Alle

Jäger! Jäger! Jäger!

Jäger tritt auf und öffnet die Tür. Mürrisch

Jäger: Was wollt ihr hier?

Kasperl: Guten Tag, Jäger! Wir suchen den Weg nach Bethlehem.

Jäger: Was, Peter gehen? Ach so, zum Peter wollt ihr gehen. Ja, da müsst ihr nur gerade aus bis zur nächsten großen Tanne ...

Balthasar: Nein, nicht zum Peter gehen, Herr Jäger, nach Beth-le-hem!

Jäger: Was, betteln gehen? Bah betteln gehen, da seid ihr bei mir an der falschen Adresse. Zum Betteln gibt's hier nichts. Schaut, dass ihr weiter kommt und sucht euch lieber eine Arbeit, statt bei anständigen Menschen betteln zu gehen!

Knallt die Tür mit einem Trommelschlag hinter sich zu und tritt ab

Kasperl: Zum Kuckuck mit diesem schwerhörigen Sauertopf! Der kann uns gern haben! Auf den pfeife ich!

Balthasar: Ach Kasperl, schimpf nicht auf den alten Jäger. Er ist wahrscheinlich einsam und traurig, weil er alleine in dieser Waldhütte hausen muss. Da lässt er seinen Ärger an uns aus. Ich werde ihm ein Goldstück unter den Teppich legen. Dann kann er sich zu Weihnachten ein paar warme Handschuhe kaufen.

Holt ein Goldstück aus der Truhe; reichen Sie es von hinter der Bühne. Legt es vor die Tür

Kasperl: Ja, du hast recht. Aber das hilft uns auch nicht weiter!

Balthasar: Kasperl, ich bin sehr müde von dem langen Marsch. Können wir uns nicht ein bisschen ausruhen?

Kasperl: Oh ja, das ist eine gute Idee! Wenn wir ausgeschlafen sind, fällt uns bestimmt ein, wie wir den Weg nach Bethlehem finden. Komm, wir wollen uns ein bisschen hinlegen. Gute Nacht, Kinder!

Beide legen sich hin. Balthasar legt seinen Kopf auf die Schatztruhe. Bald sind beide eingeschlafen und schnarchen.

Räuber tritt auf.

Räuber: So, das ist nun der richtige Augenblick. Kinder, bald bin ich der reichste Mann in diesem Wald!

Schleicht sich leise an. Will die Schatztruhe unter dem Kopf des Königs hervorziehen. Dieser schnarcht plötzlich ganz laut, sodass der Räuber zurückschreckt. Sobald sich der König wieder beruhigt hat, probiert es der Räuber noch einmal. König Balthasar wacht auf, schreckt hoch, schaut verwirrt um sich und sieht den Räuber. Der Räuber bleibt wie angewurzelt stehen. Gespielt höflich

Räuber: Ahh! Guten Morgen, junger Mann! Ich wollte nur mal schauen, wer hier schläft ...

Balthasar: So, so. Und zum Schauen musst du an meiner Schatztruhe rütteln?

Räuber: Ähh, ich wollte nur ...

Kasperl wacht auf.

Kasperl: Was ist mit deiner Truhe, Balth ... Huch! Räuber Krautkopf, was machst du denn hier? Du wolltest wohl die Schatztruhe von Balthasar stehlen? Gib's zu, du Fiesling!

Will ihn packen. König Balthasar hält Kasperl zurück.

Balthasar: Halt, nicht so stürmisch ihr beiden. Sag, Krautkopf, wenn du wirklich Gold von mir willst, warum fragst du mich nicht einfach?

Räuber: Bah, dich fragen! Was soll das dumme Geschwätz? Ihr Reichen seid doch alle gleich! Ihr gebt ja nichts freiwillig her. Euch *muss* man ja alles stehlen.

Balthasar: So, so. Wie viel willst du denn haben?

Räuber: Wie, was? Was soll die Frage? Willst du mir das Gold etwa schenken? Bah! Ich lass mich doch nicht für dumm verkaufen! Mir hat noch nie jemand etwas geschenkt!

Kasperl: Ich an deiner Stelle würde mich nicht zwei Mal bitten lassen, Hohlkopf! Also sag was!

Räuber: Ja ... ach so ... ähhh. Wenn das so ist ... Also ein Goldstück wäre leicht genug. Davon könnte ich mir ja einen richtigen Wintermantel kaufen und einen neuen Hut dazu.

König Balthasar holt einen Beutel voller Gold aus der Schatztruhe und reicht ihn dem Räuber.

Balthasar: Schau, Krautkopf. Ich gebe dir nicht ein Goldstück, auch nicht zwei. Ich gebe dir einen ganzen Beutel voll. Dafür hörst du mit dieser unsinnigen Stehlerei auf. So – und der Rest gehört dem Jesukind.

Räuber: Einem Kind. Oh Gott. Und ich wollte einem Kind etwas wegnehmen! Das tut mir aber leid.

Balthasar: Ja, ja, ich glaube, das Jesukind wird dir schon verzeihen. Übrigens, lieber Krautkopf. Kennst du den Weg nach Bethlehem? Dort wohnt nämlich das Jesukind.

Räuber: Ja, Bethlehem kenne ich gut. Da habe ich einmal einem Wirt seine ganze Kasse gestohlen ... Oh!

Hält sich verlegen den Mund zu

Balthasar: So, so. Es wird Zeit, dass du dir eine andere Beschäftigung suchst. Vom Stehlen wirst du nicht glücklich.

Räuber: Ja, du hast Recht, guter König. Und als erste gute Tat zeige ich dir jetzt den Weg nach Bethlehem. Kommt! Hier geht es direkt nach Bethlehem.

Kasperl: Kommt Kinder, wir begleiten die beiden!

Alle 3 wandern ein Stück. Glockenspiel und plötzlich leuchtet ein heller Stern am Himmel auf.

Kasperl: Schaut, da oben leuchtet ein heller Stern!

Alle staunen.

Balthasar: Ja! Das ist mein Komet, der mich nach Bethlehem führen wird. Jetzt bin ich wieder auf dem richtigen Weg. Ihr müsst mich jetzt nicht mehr begleiten. Der Stern wird mich sicher nach Bethlehem bringen.

Kasperl: Gut, dann wollen wir dir zum Abschied ein Weihnachtslied singen! Kinder, singt alle mit!

Singt mit den Kindern zusammen ein bekanntes Weihnachtslied.

Balthasar: Danke, Kinder, danke Kasperl, das war wirklich schön! Auf Wiedersehen!

Kasperl: Auf Wiedersehen Balthasar. Und grüß das Jesukind von mir.

Balthasar: Ja, das werde ich. Dir auch vielen Dank, Herr Krautkopf. Ohne dich hätte ich den Stern nicht gefunden.

Räuber: Ja, auf Wiedersehen. – Und vielen Dank für die Goldtaler.

Alle: Auf Wiedersehen Kinder und frohe Weihnachten!

Treten winkend in verschiedene Richtungen ab

ENDE

Kasperl, wo sind die Weihnachtskekse?

- Spieldauer: ca. 25'
- Anzahl der Spieler: 2
- Anzahl der Figuren: 4
- Alter: ab 3 Jahre
- Anlass: Weihnachtszeit

Inhalt

Die Großmutter hat wunderbar duftende Weihnachtskekse gebacken. Aber Achtung! Die Kekse laufen Gefahr, im falschen Magen zu landen, denn der Räuber hat sie mitgehen lassen. Kasperl, Seppl und die Kinder machen sich auf in den Räuberwald, um die ihnen zugedachten Kekse wieder zurückzuholen.

Spielfiguren

- Kasperl
- Seppl
- Großmutter
- Räuber

Requisiten

- Teller mit Keksen
- Sack
- Zweige als Bäume

Kulissen

- Haus der Großmutter
- Räuberwald

Musik

- Trommel

Es geht los!

VORSPIEL

Kasperl tritt vor geschlossenem Vorhang fröhlich singend auf.

Kasperl: Tri tra trallala, tri tra trallala, der Kasperl, der ist wieder da! Hallo liebe Kinder, seid ihr alle da?

Kinder antworten.

Kinder, riecht ihr das auch? Oh, wie es duftet! Das duftet eindeutig nach Weihnachtskeksen. Ich glaube, ich glaube – die liebe Großmutter bäckt heute Weihnachtskekse. Kinder, esst ihr auch so gerne Weihnachtskekse?

Kinder antworten.

Ja dann kommt alle mit zur Großmutter. Wir wollen schauen, wie weit die liebe Großmutter mit der Weihnachtsbäckerei ist. Vielleicht treffen wir dort auch den Seppl.

Geht ab, ein Weihnachtslied singend.
Beispielsweise »In der Weihnachtsbäckerei …«

1. AKT

Vorhang auf. Großmutters Haus. Großmutter tritt mit einem Teller voller Keksen auf.

Großmutter: So, die Weihnachtskekse sind fertig. Frisch aus dem Backofen. Da werden sich Kasperl und Seppl zu Weihnachten freuen. Mhmmm, die Kekse sind mir richtig gut gelungen. Und wie sie duften. Mhmmm!

Riecht an den Keksen. Verbrennt sich dabei die Nase

Au! Sapperlot! Sind die heiß! Jetzt habe ich mir meine schöne Großmutter-Nase verbrannt! Von meinen eigenen Weihnachtskeksen! So was! Besser, ich stelle die Kekse erst einmal vor das Fenster zum Abkühlen.

Stellt die Kekse ab

So! Jetzt gehe ich in die Küche aufräumen.

Tritt ab

Räuber Krautkopf tritt auf.

Räuber: So ein langweiliges Räuberleben! Seit Tagen streife ich durch die Stadt und finde nichts zum Stehlen. Gar nichts! Kein Mensch lässt mehr was liegen, damit ich es stehlen kann! Alles wird aufgeräumt, weggesperrt, eingesteckt. Sogar die Kinder räumen auf! Was soll der arme Räuber Krautkopf da noch klauen? Zum Davonlaufen ist d …

Sieht die Weihnachtskekse

Halt, halt, halt! Was sehe ich da: frischgebackene Weihnachtskekse! Genau das Richtige für einen ausgehungerten Räubermagen. Die nehme ich mit in meine Räuberhöhle. Und zu Weihnachten werde ich sie genüsslich verschmausen. Hohoho.

Nimmt die Kekse und geht ab

Kasperl und Seppl treten von verschiedenen Seiten auf. Kasperl singt das Lied, mit dem er abgegangen ist, weiter.

Kasperl: Hallo Seppl!

Seppl: Hallo Kasperl! Sag, was duftet hier so? Ist die Großmutter etwa beim Backen?

Kasperl: Du hast es erraten, Seppl – die Großmutter bäckt gerade Weihnachtskekse.

Seppl: Oh wunderbar! Mir rinnt schon das Wasser im Mund zusammen. Ich muss sofort welche probieren. Auf der Stelle! Oder ich falle ohnmächtig um.

Ruft laut

Großmutter, Großmutter, dein verhungerter Seppl steht vor der Tür!

Kasperl: Die Großmutter scheint deine verhungerten Rufe nicht zu hören.

Seppl: Gut dann probier ich es mit klopfen.

Klopft drei Mal laut. Drei Trommelschläge ...

Die Großmutter tritt auf.

Großmutter: Hallo Seppl, hallo Kasperl! Schön, dass ihr mich besuchen kommt.

Kasperl + Seppl: Hallo Großmutter!

Seppl: Du Großmutter, sag einmal, was duftet hier so verführerisch?

Großmutter: Ich habe gerade Weihnachtskekse gebacken. Sie stehen da am Fenster, zum Abkühlen.

Zeigt zum Fenster, doch die Kekse sind verschwunden. Erschrickt

Ja, wo sind sie denn? Ich habe sie gerade zum Abkühlen hierher ans Fensterbrett gestellt. Und jetzt sind sie verschwunden!

Schaut den Seppl ermahnend an

Seppel!!!!!!

Seppl: Ich habe keine Kekse nicht genommen nicht! Aber gehabt haben hätte ich schon gern welche wollen.

Schaut den Kasperl ermahnend an

Kasperl!!!!!!

Kasperl: Ich habe deine Kekse auch nicht genommen.

Großmutter: Kinder, ward ihr das etwa?

Die Kinder erzählen, wer die Weihnachtskekse genommen hat.

Großmutter + **Kasperl** + **Seppl:** WAAS??????

Kasperl: Ach so, der Räuber Krautkopf hat sie gestohlen!

Seppl: Diesem Räuber Blumentopf, dem werde ich es zeigen. Ich hole mir die Kekse eigenhändig zurück. Und dann ziehe ich so lange an seiner garstigen Räubernase, bis sie zwei Meter lang ist.

Kasperl: Das ist eine gute Idee, Seppl, mach das! Lauf gleich in den Räuberwald, bevor er alle Kekse aufmampft.

Seppl: Was! Ich in den Räuberwald? Aber du kommst doch mit Kasperl? Sonst mache ich mir sofort in meine Seppl-Hose.

Kasperl: Ja, natürlich begleite ich dich. Kinder, kommt ihr auch mit in den Räuberwald?

Kinder antworten.
Kasperl voran, Seppl hinterher, gehen beide singend ab. *(siehe S. 32)*

Kasperl + Seppl: Wir gehen in den Räuberwald! Wir gehen in den Räuberwald!

Sobald Kasperl hinter dem Vorhang verschwunden ist, macht Seppl kehrt, kommt zurück und singt auf die gleiche Melodie weiter ...

Seppl: Ich geh jetzt schnell zurück nach Haus! Ich geh jetzt schnell zurück nach Haus!

Kasperl bemerkt, dass Seppl einen Rückzieher machen will und zerrt ihn energisch hinter sich her.

Kasperl: Komm, Seppl, hier geht es zum Räuberwald.

Beide gehen ab.

Großmutter: Wenn das nur gut geht, Kinder! Auf Wiedersehen, Kinder!

Geht ab. Vorhang zu

2. AKT

Vorhang auf. Im Räuberwald. Schwache Beleuchtung. Kasperl geht frohgemut voran, hat einen Sack voller Steine dabei. Seppl ängstlich hinterher. Ein Baum steht seitlich.

Seppl: Huch, Kasperl, ist das finster hier.

Kasperl: Ja, im Räuberwald ist es immer finster, Seppl. Du brauchst keine Angst zu haben. Oder Kinder, habt ihr Angst?

Kinder verneinen.

Seppl: Weißt Du eigentlich, wohin wir gehen müssen?

Kasperl: Ja natürlich. Immer der Nase nach. Riechst Du denn nichts?

Seppl: N ... N ... Nein. Und d ... d ... du?

Kasperl: Ja, es riecht ganz eindeutig nach Großmutters Weihnachtskeksen. Wir müssen schon ganz nahe bei der Räuberhöhle sein.

Seppl hält sich an Kasperls Kleid fest.

Seppl: Wa ... wa ... waaaaas? R ... R ... Räuberhöhle? Ich gehe keinen Schritt weiter, sonst frisst mich der Räuber auf!

Kasperl: Ach Seppl, der Räuber isst jetzt gleich deine Weihnachtskekse, wenn wir uns nicht beeilen. Also hör zu, ich habe einen Plan.

Seppl: Wa ... wa ... waaaaas, wie, wo? Welchen Schwan?

Kasperl: Keinen Schwan! Unser Plan, wie wir die Weihnachtskekse zurückbringen.

Seppl: Wa ... wa ... waaas? Wen sollen wir anspringen?

Kasperl zu den Kindern

Kasperl: Ach Kinder, mit dem Seppl ist momentan nichts zu machen. Dann erzähle ich euch meinen Plan. Passt gut auf! Ich habe hier einen Sack mitgebracht. Wisst ihr Kinder, was da drinnen ist?

Kinder antworten.

Der Sack ist voller Steine. Wenn wir bei der Räuberhöhle sind, dann rufen wir alle ganz laut den Räuber Krautkopf heraus. Wir sagen ihm, in diesem Sack ist ein Weihnachtsgeschenk für ihn. Und zwar ein Sack voller Weihnachtskekse. Weihnachtskekse mag er ja, dieser Halunke. Und während ich den Räuber Krautkopf ein bisschen ärgere, geht ihr mit dem Seppl in die Räuberhöhle und holt euch die richtigen Weihnachtskekse wieder. Einverstanden, Kinder?

Kinder sind einverstanden.

Seppl, was ist mit dir?

Seppl: In die fi…fi…finstere Höhle zu Räuber Krautkopf? D … d … da ziehen mich keine zehn Pferde hinein.

Kasperl: Pferde nicht, aber die Kinder. Die haben nämlich keine Angst.

Seppl: Ja gut!!! Ich gebe mich geschlagen. Die Kinder werden mir schon helfen.

Plötzlich hört man hinter der Bühne ein lautes Schnarchen. Seppl zuckt zusammen und versteckt sich hinter dem Kasperl.

Seppl: Ka … Ka … Kasperl, hast du das gehört?

Kasperl: Ja, das ist der Räuber Krautkopf. Der alte Faulpelz schläft. Kinder, den werden wir jetzt so richtig aus dem Schlaf reißen. Wisst ihr noch, wie wir es machen? Auf drei rufen wir ganz laut Räuber Krautkopf. Also aufgepasst: Eins, zwei, drei. Räuber Krautkopf! Räuber Krautkopf!

Kasperl: Psst, seid mal still!

Der Räuber schnarcht weiter.

Bah, schnarcht wie eine verrostete Waldsäge! Kinder, wir müssen lauter rufen. Räuber Krautkopf! Räuber Krautkopf!

Räuber erwacht und knurrt mürrisch aus dem Off.

Räuber: Donner und Doria, wer stört mich da? Was ist los?

Kasperl: Achtung, Kinder! Jetzt ist der Räuber aufgewacht! Seppl, versteck dich schnell, damit dich der Räuber nicht sieht.

Seppl: Jjjjaaaaa!

Verschwindet hinter dem Vorhang

Kasperl: Hallo Räuber Krautkopf! Du hast Besuch!

Räuber: Ba, diese Stimme kenne ich! Der Kasperl! Was fällt dir ein, Kasperl-Knilch! Du störst mich beim Nachdenken!

Kasperl: Ach, Entschuldigung! Beim Nachdenken störe ich dich!! Das klingt aber sehr komisch, wenn du nachdenkst.

Räuber: Donner und Doria, werd nicht frech, du Würstchen! Sonst komme ich heraus und dann …

Kasperl: Dann kannst du dein Weihnachtsgeschenk abholen.

Räuber: Was willst du mir denn schenken, Kasperl-Knilch?

Kasperl: Weihnachtskekse, extra für Dich, mit Schokoladeguss! Die magst du doch so gern?

Räuber plötzlich freundlich

Räuber: Ach so, das ist freilich etwas anderes. Warte, ich setze mir nur meinen Räuberhut auf. So, jetzt komme ich.

Kasperl: Kinder, er kommt. Jetzt wird es lustig.

Räuber tritt auf. Kasperl versteckt sich schnell hinter einem Baum.

Räuber: So, da bin ich. Her mit den Keksen!

Schaut sich um, aber sieht den Kasperl nicht

He, Witzfigur, wo bist du denn?

Kasperl kommt hinter dem Baum hervor.

Kasperl: Hier bin ich. Komm herüber. Der Sack ist so schwer.

Räuber: Ja, ich komme!

Während der Räuber auf den Baum zugeht, verschwindet Kasperl hinter dem Vorhang.

Räuber: So warte doch! Lauf mir nicht davon!

Kasperl: Fang mich doch, fang mich doch!

Räuber: Na warte, Bürschchen, dir werd ich's zeigen.

Läuft dem Kasperl nach. Eine kleine Verfolgungsjagd beginnt. Kasperl taucht immer dort auf, wo ihn der Räuber nicht vermutet. Man hört sie rufen und keuchen.

Kasperl: Krautkopf, Sauertopf, bist a rechter Tropf.

Räuber: Was fällt dir ein, du Kasperl-Knilch. Pass auf, gleich hab ich dich!

Kasperl: Krautkopf, Krautsalat! Du schmeckst ja wie Spinat!

So fang mich doch, so fang mich doch!

Während Kasperl und der Räuber das zweite Mal hinter der Bühne verschwinden, kommt Seppl ängstlich aus seinem Versteck hervor und flüstert zu den Kindern.

Seppl: Ki … Ki … Kinder, seid ihr bereit? Wir gehen jetzt in die Häuberköhle und holen unsere Osterklekse. Ähm, ich meine die Keinachtswechse, ähm die Osterbriketts. Ach ja ihr wisst schon. Kommt, los!

Kasperl und der Räuber verfolgen sich immer noch. Nachdem sie zum dritten Mal hinter der Bühne verschwunden sind, kommt der Seppl mit den Keksen zurück.

Seppl: Kaum zu glauben. Ich lebe noch. Kinder, wir haben es geschafft. Wir haben die, die, die, ja genau, die Kekse. Und nun verstecke ich mich hinter dem Baum und warte auf den Kasperl.

Versteckt sich

Kasperl erscheint wieder auf der Bühne, gefolgt vom Räuber.

Räuber: Her mit dem Sack!

Kasperl stellt den Sack hin und geht schnell zum Seppl.

Kasperl: So, hier hast du die Kekse. Das Fangenspielen ist aus! Ich habe keine Lust mehr.

Räuber: Du frecher Fratz! Warum nicht gleich?

Geht zum Sack

Ho, ho, der Sack ist aber schwer. Voll mit Weihnachtskeksen. Wunderbar!!!

Während der Räuber den Sack öffnet, flüstern Kasperl und Seppl.

Kasperl: Hast du die Kekse?

Seppl: Ja, die Kinder und ich haben die Kekse geholt.

Kasperl: Gut! Dann nichts wie weg! Komm, wir laufen heim zur Großmutter!

Beide treten ab. Der Räuber öffnet den Sack.

Räuber: Na endlich, mir läuft schon das Wasser im Mund zusammen.

Schaut in den Sack

Huch! Was ist das? Steine? Nichts als harte Steine! Witzfigur, wo bist du? Oh, dieser Kasperl-Knilch hat mich reingelegt. Hat mir Steine in den Sack getan. Wenn ich den zu Gesicht bekomme. Dem ziehe ich die Löffel lang.

Geht wütend ab. Vorhang zu

3. AKT

Vorhang geschlossen. Großmutter, Kasperl und Seppl treten auf. Großmutter hält den Teller mit Keksen in der Hand.

Großmutter: Ach so war das. Da habt ihr den alten Krautkopf aber schön hinters Licht geführt. Hahaha. Ihr ward aber mutig.

Seppl: Ja, ich vor allem war sehr mutig sehr!

Kasperl: Und die Kinder haben uns auch sehr geholfen.

Großmutter: Ja, Kinder! Da habt ihr euch alle ein paar Weihnachtskekse verdient, Kinder! Kommt nur alle her, jeder bekommt eines.

Verteilt die Weihnachtskekse

Textvariante bei mehr als sechs Zuschauern

Sobald das Kasperltheater fertig ist, kommen wir zu euch und jeder bekommt einen Weihnachtskeks.

Kasperl: Zum Abschied singen wir gemeinsam ein Weihnachtslied.

Alle zusammen singen ein bekanntes Weihnachtslied.

Und nun auf Wiedersehen, liebe Kinder, und frohe Weihnachten!

Alle gehen winkend ab.

ENDE

Wer ist hier der Räuber?

- Spieldauer: ca. 25'
- Anzahl der Spieler: 2
- Anzahl der Figuren: 5
- Alter: ab 4 Jahre
- Anlass: Faschingszeit

Inhalt

Die Prinzessin hat Kasperl und Seppl zum großen Faschingsfest eingeladen. Seppl verkleidet sich als Räuber, um alle das Fürchten zu lehren. Doch das wird ihm zum Verhängnis, denn er sieht dem richtigen Räuber zum Verwechseln ähnlich.

Spielfiguren

- Kasperl
- Seppl
- Gretl
- Räuber
- Polizist

Requisiten

- Nikolausmütze
- Räuberverkleidung: schwarzer Filzhut, schwarzer Bart und kleiner Säbel

Kulissen

- Stadt
- Räuberwald

Es geht los!

1. AKT

Vorhang auf. Stadt. Kasperl tritt singend auf.

Kasperl: Tri tra trallala, tri tra trallala, der Kasperl, der ist wieder da! Hallo liebe Kinder, seid ihr alle da?

Kinder antworten.

Ach Kinder, ich freue mich so! Endlich ist Fasching. Und die Prinzessin gibt heute ein großes Faschingsfest. Da können sich alle verkleiden. Kinder, wollt ihr mit auf das Faschingsfest kommen?

Kinder antworten. Falls die Kinder nicht verkleidet sind, kann Kasperl fragen, als was sie sich verkleiden werden.

Nun ratet mal, Kinder, als was ich mich verkleide!

Kinder raten, doch Kasperl verneint immer.

Nein, nein! Das werdet ihr nie erraten. Soll ich es euch sagen?

Kinder antworten.

Gut, ich verrate es euch. Aber erst, wenn mein Freund Seppl da ist. Der Seppl ist nämlich auch zum Faschingsfest eingeladen und sollte schon längst hier sein. Kinder, wisst ihr was. Wir rufen alle ganz laut zusammen den Seppl. Seppel!!! Seppel!!!

Seppl tritt gähnend auf. Reibt sich die Augen

Seppl: Hallo Kinder, hallo Kasperl! Warum macht ihr so ein Geschrei am frühen Morgen!

Kasperl: Das nennst du einen frühen Morgen? Die Sonne scheint, die Kinder sind schon alle da und gleich geht's ab zur Prinzessin. Der frühe Morgen ist schon längst vorbei. Übrigens, hast du schon eine Verkleidung?

Seppl: Was für eine Verkleidung?

Kasperl: Ach mein lieber Freund, das Schlafen tut dir wirklich nicht gut. Die Prinzessin hat uns doch zum Faschingsfest eingeladen. Und da kann jeder sein Lieblingskostüm anziehen.

Seppl: Ach das trifft sich gut! Ich bin schon fix und fertig angezogen.

Kasperl schaut Seppl von oben bis unten an. Verwundert

Kasperl: Aha: ein kariertes Sepplhemd, eine grüne Sepplhose, einen grünen Sepplhut. Lass mich raten. Ich glaube, ich glaube – du bist als Seppl verkleidet.

Seppl: Ja, genau, du sagst es! Ich bin als Seppl verkleidet und trage mein Lieblingskostüm.

Kasperl: Das soll wohl ein Witz sein, Seppl? Deine Sepplkleider hast du doch jeden Tag an.

Seppl: Sag ich ja. Mein Lieblingskostüm!

Kasperl: Aber das ist doch keine Faschingsverkleidung. Im Fasching sollst du dich doch verkleiden als etwas, was du sonst nicht bist. Als etwas, das du gerne wärst. Schau, die Kinder verkleiden sich als Pippi Langstrumpf, Piraten, Marienkäfer, Drachen, Löwen, Ritter, Prinzessinnen oder Einhörner. Als Seppl bist du ja nicht verkleidet und außerdem erkennt dich jeder sofort.

Seppl: Hmmm – ja – aber als was könnte ich mich denn verkleiden? Als was gehst du denn, Kasperl?

Kasperl: Jetzt kann ich's ja verraten. Ich gehe als Nikolaus. Ich liebe den Nikolaus, weil er immer Gutes tut und zu allen Menschen nett ist. Deshalb verkleide ich mich als Nikolaus.

Seppl: Ach so – ich möchte eigentlich stark sein und gefährlich.

Plötzlich freudig erregt

So, dass alle Menschen vor mir Angst haben. Ha, jetzt hab ich's! Ich verkleide mich als Räuber Krautkopf! So richtig mit langem, schwarzem Bart, einem Säbel im Gürtel und einem großen Räuberhut auf dem Kopf.

Spricht mit verstellter, tiefer, Räuber-Stimme

Kinder, nehmt euch in acht! Gleich kommt der gefährlichste Räuber aller Zeiten. Ihr werdet vor Angst erzittern.

Spricht mit Seppl-Stimme weiter

Ja, das wird lustig! Ich laufe gleich nach Hause und ziehe mich um.

Kasperl: In Ordnung. Wir verkleiden uns und treffen uns gleich wieder hier an derselben Stelle. Also Kinder, bis gleich!

Beide gehen in entgegengesetzte Richtungen ab. Vorhang zu

2. AKT

Seppl tritt auf. Trägt über seinem Sepplgewand Räuberbart, Räuberhut und Säbel. Wechselt während des 2. Aktes immer wieder zwischen verstellter Räuberstimme und normaler Sepplstimme hin und her. Singt mit verstellter Räuberstimme ein Räuberlied

Seppl: Hallo Kinder. Na, habt ihr Angst vor mir?

3 *[siehe S. 32]*

Kinder verneinen.

Seppl: Waaas, ihr habt keine Angst vor mir? Ich bin der gefährliche Räuber Krautkopf und werde euch gleich das Fürchten lehren.

Zieht seinen Säbel

Hohoho, hier steht der gefährlichste Bösewicht aller Zeiten!

Aus dem Off hört man Gretl ein Liedchen trällern. Seppl mit Sepplstimme

Seppl: Ahh, da kommt die Gretl. Der werde ich jetzt einen Schrecken einjagen. Die Gretl denkt sicher, ich sei ein Räuber. Kinder, ihr dürft nicht verraten, dass ich eigentlich der Seppl bin. Versprecht ihr mir das?

Kinder versprechen es.
Seppl versteckt sich hinter dem Vorhang, sodass ihn nur die Kinder sehen.
Gretl tritt trällernd auf.

Gretl: Lalala, jupaidi und heisassa ... Hallo Kinder, ich bin auf dem Weg zur Prinzessin ...

Seppl springt im Räuberkostüm auf die Bühne und verstellt Gretl den Weg.
Mit verstellter Räuberstimme

Sepp: Hohoho! Die Gretl! Wohin des Weges?

Gretl erschrickt.

Gretl: Hilfe! Wa ... wa ... was willst du von mir. Bi ... bi ... bitte tu mir nichts.

Dreht sich um und rennt davon

Hilfe, ein Räuber! Hiiilfe!

Seppl: Kinder habt ihr das gesehen? Die Gretl ist abgezischt wie ein aufgeschrecktes Huhn! Es hat funktioniert. Hurra! Sie hat Angst vor mir gehabt. Die Gretl hat wirklich geglaubt, ich sei der Räuber Krautkopf. Endlich hat jemand Angst vor mir. Fasching ist eine wunderbare Erfindung.

Singt wieder sein Räuberlied. Von der anderen Seite tritt der Polizist mit dem Rücken zum Seppl auf. Die beiden bemerken sich erst, als ihre Rücken zusammenstoßen. Beide drehen sich verdattert um und schauen sich an. Seppl spricht nun mit seiner normalen Seppl-Stimme.

Seppl: Schönen guten Tag, Herr Polizist.

Polizist: Aha, wen haben wir denn hier? Den Räuber Krautkopf!

Seppl: Ja, ja, meine Verkleidung sieht wirklich echt aus. Nicht wahr, Herr Polizist?

Polizist: Was redest du denn da von Verkleidung, du Halunke! Damit kommst du mir nicht durch, Krautkopf.

Seppl: Aber ich bin doch der Seppl, der brave Seppl, erkennen Sie mich nicht?

Polizist: Ja, ja, lügen konntest du schon immer wie gedruckt! Verschone mich mit deinen faulen Ausreden, Krautkopf. Dich suche ich schon lange. Aber diesmal entkommst du mir nicht! Hände hoch! Im Namen des Gesetzes: Du bist verhaftet!

Seppl hebt verdattert die Hände.

Seppl: Ja, aber ...

Polizist: Nichts aber! Wir zwei gehen jetzt direkt ins Gefängnis. Dalli, dalli! Und dort bleibst du so lange, bis du versprichst, nie wieder etwas zu stehlen.

Seppl: I ... i ... ins Gefängnis? Aber ich habe in meinem ganzen Leben noch nie etwas gestohlen. Ich bin doch der Seppl!

Polizist schubst Seppl vor sich her.

Polizist: Wer einmal lügt, dem glaubt man nicht, schon gar nicht einem Bösewicht.

Seppl: Kasperl, hilf mir!

Beide gehen ab. Kasperl tritt mit Nikolausmütze auf.

Kasperl: Hallo Kinder. Das hat jetzt aber lange gedauert. Stellt euch vor. Beinahe hätte ich die Nikolausmütze nicht mehr gefunden. Gefalle ich euch als Nikolaus?

Kinder antworten. Kasperl sieht sich um.

Wie ich sehe, ist unser Seppl-Räuber auch noch nicht aufgetaucht. Oder Kinder, habt ihr den Seppl schon gesehen?

Kinder erzählen, was vorgefallen ist.

Was sagt ihr da, Kinder? Der Polizist hat den Seppl mit ins Gefängnis genommen?

Aber wieso?

Kinder erzählen von der Verwechslung.

Aha, der Seppl hat sich also so gut verkleidet! Aber Kinder, das ist ja schrecklich. Unser lieber Seppl in einem kalten, finsteren Gefängnisloch. Wir müssen ihm helfen. Aber wie? Kinder, habt ihr eine Idee?

Kinder schlagen vor, auf die Polizeiwache zu gehen.

Kasperl: Da habe ich meine Bedenken, Kinder. Der Polizist wird uns nie glauben, wenn wir sagen, dass der Räuber in seinem Gefängnis eigentlich der Seppl ist. Er hat ja dem Seppl auch nicht geglaubt. Nein! Wir müssen es dem Polizisten beweisen – schwarz auf weiß. Aber wie? – Jetzt habe ich eine Idee, Kinder! Wir locken den richtigen Räuber Krautkopf auf die Polizeiwache. Zwei Krautköpfe gibt es ja nun wirklich nicht. Das wird auch der Polizist einsehen. Also Kinder, helft ihr mir, den richtigen Räuber Krautkopf zu finden?

Kinder antworten.

Also dann, auf in den Räuberwald.

Kasperl geht ab. Vorhang zu

3. AKT

Vorhang auf. Im Räuberwald. Kasperl tritt auf.

Kasperl: Ah ja, da sind wir ja!

Man hört ein lautes Heulen. Huhuuuu!

Kinder, habt ihr Angst?

Kinder verneinen.

Wunderbar! Dann geht's los.

Man hört den Räuber aus dem Off grölen.

6 (siehe S. 35)

Kasperl: Sehr gut, der gnädige Herr ist zu Hause. Kinder, jetzt müssen wir den Räuber überreden mit uns zu kommen. Wir sagen ihm einfach, er ist auch bei der Prinzessin zum Faschingsfest eingeladen. Dann kommt er bestimmt mit! Was meint ihr, Kinder?

Kinder stimmen zu.

Gut, dann rufen wir jetzt zusammen den Räuber heraus. Räuber Krautkopf! Räuber Krautkopf!

Räuber tritt mürrisch auf.

Räuber: He, wer wagt es, mich zu stören?

Sieht den Kasperl

Ha, der Kasperl! Was willst du denn hier, mit deiner albernen Kochmütze?

Kasperl: Ich, gar nichts. Aber die Prinzessin.

Räuber: Ha, die Prinzessin. Hat sie eine neue Goldkette bekommen, die ich ihr stehlen kann?

Kasperl: Nein. Die Prinzessin hat eine Einladung für dich.

Räuber: Du machst wohl Witze? Seit wann braucht ein Räuber eine Einladung, wenn er etwas stehlen will?

Kasperl: Das ist auch keine Einladung zum Stehlen. Die Prinzessin hat dich höchstpersönlich eingeladen zu ihrem Faschingsfest.

Räuber: Waaas – mich eingeladen – zu einem Fest – im Schloss? Den Räuber Krautkopf, der ihr schon zehn Edelsteine, drei Goldketten und fünf Paar Ohrringe gestohlen hat?

Fühlt sich geschmeichelt

Oh, die Prinzessin mag mich wohl? Vielleicht ist sie sogar in mich verliebt? Was glaubst du Kasperl, gefalle ich der Prinzessin?

Kasperl: Bestimmt gefällst du ihr! Die Prinzessin liebt so gefährliche Männer wie dich sicherlich.

Räuber: Also, dann richte der Prinzessin aus, ich werde kommen. Wann findet das Faschingsfest eigentlich statt?

Kasperl: Ja, genau genommen, hat es bereits begonnen!

Räuber: Waaas wirklich? Ja, dann nichts wie hin! Komm Kasperl!

Kasperl: Gute Idee, nichts wie hin! Kommt Kinder, nichts wie hin!

Beide gehen ab. Vorhang zu

4. AKT

Vorhang auf. In der Stadt. Kasperl tritt mit dem Räuber im Schlepptau auf.

Räuber: Sag mal Kasperl, dieser Weg führt doch nicht zur Prinzessin? Wenn ich zur Prinzessin gehe, um etwas zu stehlen, nehme ich immer einen anderen Weg.

Kasperl: Heute sollst du ja auch nichts stehlen. Heute bist du ein rechtmäßiger Gast. Und das ist der Weg für Gäste.

Flüstert zu den Kindern

Kinder, der Weg hier führt direkt zur Polizeiwache. Den kennt der Räuber natürlich nicht!

Laut zum Räuber

So, jetzt sind wir gleich im Schloss, Räuber Krautkopf. Die Prinzessin wird sicher schon auf dich warten.

Flüstert zu den Kindern

Kasperl: Kinder, hier ist die Polizeiwache! Bitte ruft ganz leise den Polizisten heraus. Der Räuber darf es aber nicht hören. Eins, zwei, drei.

Kinder rufen. Polizist tritt auf und schaut sich um.

Polizist: Hallo Kinder, hallo Kasperl, ihr habt mich gerufen. Kann ich euch helfen?

Kasperl: Guten Tag, Herr Polizist, ich habe Ihnen etwas mitgebracht.

Zerrt den Räuber vor

Einen besonderen Gast für Sie: den Räuber Krautkopf.

Polizist: Das soll wohl ein Witz sein. Der Räuber Krautkopf ist schon mein Gast.

Flüstert dem Kasperl hörbar ins Ohr

Den habe ich heute eigenhändig eingesperrt.

Wieder laut

Den hier kannst du dir behalten. Ein zweiter Räuber ist nicht eingeladen. Also, wenn es weiter nichts ist, dann gehe ich wieder an die Arbeit. Auf Wiedersehen.

Wendet sich zum Gehen ab

Räuber: Halt, das kann nicht sein! *Ich* bin der Räuber Krautkopf und kein anderer. Und *ich* bin hier eingeladen!

Polizist: Also jetzt verstehe ich überhaupt nichts mehr! Der Räuber, den ich bei mir habe, der will kein Krautkopf sein. Ja, er behauptet sogar er sei der Seppl. Und du, du bist kein Räuber und willst unbedingt einer sein. Also was jetzt?

Räuber: *Ich* bin der richtige Räuber Krautkopf und damit basta!

Kasperl flüstert dem Polizisten hörbar ins Ohr.

Kasperl: Sie haben sich verwechselt. Sie haben den falschen Räuber eingesperrt.
Es ist Fasching! – Verkleiden! – Sagt Ihnen das etwas?

Langsam geht dem Polizisten ein Licht auf. Flüstert dem Kasperl hörbar ins Ohr

Polizist: Ach so! Du meinst, der arme Kerl, der in meinem Gefängnis sitzt, ist in Wirklichkeit der Seppl?

Räuber: Was flüstert ihr denn so geheimnisvoll? Darf ich jetzt hinein zum Fest oder wollt ihr hier Wurzeln schlagen?

Kasperl: Ja, der Polizist ist einverstanden. Du darfst mit ihm gehen.

Flüstert dem Polizisten hörbar ins Ohr

Nimm ihn fest und lass den Seppl frei!

Polizist flüstert Kasperl hörbar ins Ohr.

Polizist: Natürlich, natürlich!

Wieder laut

Bitte Herr Krautkopf. Hier entlang.

Beide gehen ab.

Kasperl: Kinder, hoffentlich geht alles gut und der Seppl wird wieder freigelassen.

Aus dem Off hört man plötzlich den Räuber toben.

Räuber: Ja, das sieht mir aber nicht nach Schloss aus. Wir sind gar nicht auf dem Faschingsfest. Wo sind wir hier? Das ist ja das Gefängnis! So eine Gemeinheit! Dieser Kasperl hat mich reingelegt ...

Seppl tritt auf. Immer noch als Räuber verkleidet

Seppl: Ach endlich wieder an der frischen Luft. Hallo Kinder, hallo Kasperl!

Kasperl: Hallo Seppl, mein Freund!

Kasperl und Seppl umarmen sich.

Du siehst ja wirklich zum Fürchten aus in deiner Räuber-Verkleidung.

Seppl: Ach Kasperl, hör auf damit! Nie mehr wieder will ich ein Räuber sein. Lieber bleibe ich der Seppl.

Nimmt Hut und Bart ab

War das finster und unheimlich im Gefängnis. Ich habe schreckliche Angst gehabt.

Kasperl: Ja, das glaube ich. Aber zum Glück ist alles gut ausgegangen. Weißt du, der richtige Räuber Suppentopf ... äh ... ich meine Krautkopf, der sitzt jetzt endlich hinter Schloss und Riegel. Der muss jetzt so lange im Gefängnis bleiben, bis er verspricht, nie wieder zu stehlen.

Seppl: Ja, aber wie hast du das denn fertiggebracht, Kasperl?

Kasperl: Das erzähle ich dir später. Jetzt müssen wir schnellstens zum Faschingsfest. Auf Wiedersehen Kinder. Und danke für eure Hilfe.

Beide treten winkend ab.

ENDE

Das Osterfest ist in Gefahr!

- Spieldauer: ca. 20'
- Anzahl der Spieler: 2
- Anzahl der Figuren: 4
- Alter: ab 3 Jahre
- Anlass: Osterzeit

Inhalt

Alle sind zum Ostereiersuchen im königlichen Schlossgarten eingeladen – alle außer der Hexe Donnerknall. Das ärgert die jähzornige Wetterhexe so sehr, dass sie der Ostergesellschaft mit einem Schlechtwetter-Hexspruch einen Strich durch die Rechung machen will. Nur zu dumm, dass ihr der richtige Hexspruch nicht einfällt. Schnell eilt sie nach Hause, um im großen Hexenbuch nachzuschlagen. Aber wo ist das Hexenbuch? Hat da der Kasperl seine Hände im Spiel?

Spielfiguren

- Kasperl
- Großmutter
- Seppl
- Hexe

Requisiten

- Styropor- oder Wattekügelchen
- Teller mit Osterkuchen
- Hexenbuch
- Säckchen mit Schokolade-Ostereiern

Kulissen

- Blumenwiese
- Haus der Großmutter
- Hexenwald

Musik

- Trommel
- Glockenspiel

Es geht los!

1. AKT

Vorhang auf. Blumenwiese

Kasperl: Tri tra trallala, tri tra trallala, der Kasperl, der ist wieder da! Hallo liebe Kinder, seid ihr alle da?

Kinder antworten.

Was für ein herrlicher Tag. Schade, dass heute nicht schon morgen ist. Dann könnten wir die Ostereier von morgen heute schon suchen. Aber leider ist morgen erst morgen. Und das dauert noch soooo lange. Da kann auch der Kasperl nichts machen. Kinder, wer von euch hat schon einmal Ostereier gesucht?

Kinder erzählen.

Und habt ihr viele Ostereier gefunden?

Kinder berichten.

Kinder, morgen werde ich mein Glück versuchen. Morgen sind wir alle bei der Prinzessin zum Ostereiersuchen eingeladen. Der Seppl, die Gretl, die Großmutter, und ich. Großes Ostereiersuchen im Schlossgarten. Das wird ein Spaß! Wollt ihr auch mitkommen, Kinder?

Kinder bejahen.
Seppl tritt auf.

Seppl: Hallo Kasperl! Hallo Kinder!

Kasperl: Hallo Seppl. Bist du schon aufgeregt wegen morgen?

Seppl: Morgen? Ach, du meinst wegen der Ostereiersucherei bei der Prinzessin? Nein, nicht besonders. Ich finde doch nie etwas. Dabei würde ich zu gerne das große Schokolade-Ei finden. Das schmeckt sicher köstlich. Aber immer, wenn ich es gerade finden will, findet es ein anderer vor mir.

Kasperl: Sei nicht traurig, Seppl. Vielleicht hast du morgen Glück. Das Wichtigste ist doch, dass wir schönes Wetter haben, so wie heute. Dann kann der Osterhase viele Eier verstecken.

Seppl: Ja, du hast recht, Kasperl! Schönes Wetter und ein bisschen Glück beim Suchen. Dann wird es sicher lustig.

Kasperl: Aber jetzt wollen wir zur Großmutter gehen. Die bäckt gerade einen Osterkuchen.

Seppl: Mmmmh, bin schon unterwegs! Osterkuchen ist meine Lieblingsspeise – nach Schokolade-Osterei natürlich! Auf Wiedersehen, Kinder!

Beide gehen ein Osterlied singend ab.

Die Hexe Donnerknall tritt mit Trommelwirbel auf. Verärgert

Hexe: Besenstil und Hennendreck! Kinder, habt ihr das gehört? Ein Osterfest bei der Prinzessin? Und ich bin nicht eingeladen? Da wird die Wetterhexe Donnerknall aber richtig wütend! Ich werde ihnen zeigen was passiert, wenn man mich nicht einlädt! Die Suppe werde ich ihnen versalzen, aber gehörig!

Überlegt

Ich werde, ich werde ... ich werde der unverschämten Prinzessin Bauchschmerzen hexen. Dann muss sie morgen den ganzen Tag im Bett liegen. Hihihi.

Lacht hämisch. Dann wieder nachdenklich

Hmm! Aber dann feiern die anderen ohne die Prinzessin. Nein, nein, nein! Dann haben Kasperl und seine Freunde doch ihren Spaß. Ich muss mir etwas Gemeineres ausdenken.

Überlegt

Ich hab's! Morgen lass' ich es regnen – wie aus Eimern! Ich hexe einen Platzregen, dass es den ganzen Schlossgarten überschwemmt. Dann fällt die ganze Ostereier-Sucherei ins Wasser. Hihihi! Wer die Hexe Donnerknall nicht einlädt, muss duschen statt Eier suchen! Merkt euch das, Kinder! Hihihi! Kinder, soll ich euch zeigen, wie ich Regen hexen kann?

Kinder antworten.

Ich bin die beste Wetterhexe weit und breit. Regen zaubern ist meine Spezialität. Also aufgepasst, hier eine kleine Kostprobe:

Trommelwirbel

Abrakadabra Regenfass, ihr werdet pitsche patsche nass!

Glockenspiel. Es beginnt zu schneien. Styroporkügelchen in hohem Bogen ins Publikum werfen. Hexe verärgert

Besenstiel und Hennendreck, was ist denn das? Regnen soll es und nicht schneien! Aufhören! Sofort aufhören!

Es hört zu schneien auf. Hexe kleinlaut

Hmm, da habe ich etwas verwechselt? So was Dummes!

Schreit hysterisch

Wo ist mein Hexenbuch?

Etwas ruhiger

Ach ja, zu Hause im Hexenwald. Kinder, ich muss gehen!

Geht ab. Vorhang zu

2. AKT

Vorhang auf. Im Haus der Großmutter. Kasperl und Seppl treten auf.

Kasperl: Mmmh, wie das duftet.

Seppl: Großmutter, ist der Osterkuchen schon fertig?

Großmutter kommt mit dem Osterkuchen herein.

Großmutter: So, da ist er! Diesmal ist mir der Osterkuchen besonders gut gelungen.

Seppl: Davon muss ich mich sofort überzeugen.

Will von dem Kuchen naschen

Großmutter: Halt, halt, halt, du Schleckermaul! Der Kuchen kommt zuerst einmal vor das Fenster, damit er abkühlt.

Geht zum Fenster und stellt den Kuchen ab. Dabei sieht sie, dass es schneit. Styroporkügelchen in hohem Bogen ins Publikum werfen.

Großmutter: Ja sapperlot und zugenäht, was sehe ich? Kasperl, Seppl, kommt schnell, es schneit.

Kasperl und Seppl rühren sich nicht von der Stelle.

Seppl: Schnee zu Ostern? Das kann nicht sein! Großmutter, du solltest dir eine neue Brille kaufen.

Großmutter: Aber seht doch her, es schneit.

Kasperl: Ja, ich komm ja schon.

Schlendert seelenruhig zur Großmutter. In der Zwischenzeit hat es aufgehört zu schneien.

Wo? Ich sehe nichts!

Großmutter: Jetzt hat es wieder aufgehört. Aber eben hat es geschneit. Ich bin mir ganz sicher. Kinder, habt ihr es auch schneien sehen?

Kinder bejahen.

Na bitte!

Kasperl: Ja, wenn es die Kinder gesehen haben, dann muss es wohl stimmen. Aber wie ist das möglich? Heute hat den ganzen Tag die Sonne geschienen!

Seppl: Und keine Wolke war am Himmel zu sehen.

Kasperl: Kinder, könnt ihr euch das erklären?

Kinder berichten von der Hexe.

Ach, die Hexe Donnerknall hat den Schnee gehext? Ja, wie kommt die denn auf so eine Schnapsidee? Mitten im Frühling?

Kinder berichten.

Ach, sie wollte es eigentlich regnen lassen.

Seppl: Hahaha. Hext Schnee statt Regen! Die Donnerknall ist durchgeknallt! Die kann so gut hexen wie ich singen kann. Kasperl, willst du mal hören, wie gut ich singen kann?

Kasperl: Nein, verschone mich. Ich weiß, wie du singst.

Großmutter: Die Sache gefällt mir nicht! Die Sache gefällt mir nicht! Die Hexe Donnerknall führt sicher etwas im Schilde.

Kasperl: Ja, aber was? Kinder, habt ihr eine Ahnung, was die alte Hexe vorhat?

Kinder berichten.

Aha! Die Wetterhexe ist beleidigt, weil sie nicht zum Osterfest eingeladen ist? ... und will es morgen regnen lassen?

Seppl: Was? Wenn es morgen regnet, ist es aus mit der Ostereier-Sucherei. Was wird dann aus meinem großen Schokolade-Ei? So eine Gemeinheit.

Kasperl: Noch ist es nicht zu spät. Ich habe eine Idee. Komm Seppl, ich flüstere sie dir leise ins Ohr, damit uns die Hexe Donnerknall nicht hören kann.

Flüstert dem Seppl etwas ins Ohr. Das Publikum hört nur

Kasperl: Bsbsbsbsbs

Seppl nickt zustimmend.

Seppl: Mh ... mh ...mh ...

Kasperl: Bsbsbsbsbs

Seppl erschrickt und ruft.

Seppl: Waaas, Hexenwald?

Kasperl: Bsbsbsbsbs

Seppl nickt wieder zustimmend.

Seppl: Mh ... mh ...mh ...

Kasperl: Bsbsbsbsbs

Seppl: Waaas, Hexenbuch?

Willigt kapitulierend ein

Gut, ich komme mit!

Kasperl: Also los, lass uns keine Zeit verlieren. Kinder kommt ihr auch mit in den Hexenwald?

Kinder antworten.

Das ist gut. Auf Wiedersehen, Großmutter, wir haben etwa Wichtiges zu erledigen!

Großmutter: Die Sache gefällt mir nicht, die Sache gefällt mir nicht. Passt auf euch auf! Auf Wiedersehen!

Kasperl und Seppl gehen ab. Vorhang zu

3. AKT

Vorhang auf. Hexenwald. Kasperl tritt auf, Seppl verängstigt hinter ihm her.

Seppl: Kasperl, hier ist es aber finster! Lass uns besser umkehren!

Kasperl: Hab keine Angst, Seppl. Die Hexe Donnerknall weiß gar nicht, dass wir in ihrem Hexenwald sind.

Ein seltsames Heulen ertönt. Seppl erschrickt und klammert sich an Kasperls Kleid.

Seppl: Hilfe, die Hexe! Ich habe sie genau gehört. Kasperl, ich mach mir vor Angst in die Hose.

Kasperl: Beruhige dich, Seppl. Das war nur eine Eule. Ah, da vorne sehe ich schon das Hexenhaus. Kinder, jetzt sollt ihr unseren Plan auch wissen. Wir locken die alte Donnerknall aus ihrem Haus und lenken sie ab. In der Zwischenzeit geht Seppl hinein und holt das Hexenbuch. Denn ohne ihr Hexenbuch kann die alte Schachtel ja nicht hexen, schon gar kein schlechtes Wetter. So Seppl, versteck dich!

Seppl versteckt sich seitlich hinter einem Baum.

Kinder, wir rufen jetzt die Hexe. Hexe Donnerknall! Hexe Donnerknall!

Hexe erscheint grimmig auf der Bühne und schaut sich um.

Hexe: Besenstil und Hennendreck! Wer wagt es, die Hexe Donnerknall zu stören?

Sieht den Kasperl

Ha, du Mützen-Würstchen! Was willst du denn hier?

Kasperl: Nicht so unfreundlich, liebe Hexe! Ich soll dir eine Nachricht aus dem Schloss bringen.

Hexe: Aus dem Schloss?

Abgewandt zu den Kindern flüsternd

Aha. Vielleicht hat es sich die Prinzessin anders überlegt und ich bin auch zum Osterfest eingeladen.

Wieder laut und etwas freundlicher zum Kasperl

Welche Nachricht sollst du mir aus dem Schloss bringen? Ich bin ganz Ohr.

Kasperl: Dann komm mit deinem Ohr ein bisschen näher, damit ich es dir sagen kann. Die Sache ist nämlich streng geheim und nur für dich bestimmt.

Hexe erfreut zu den Kindern

Hexe: Das ist sicher die Einladung für das Osterfest. Hihihi.

Geht zum Kasperl, dieser weicht einen Schritt nach hinten zurück

Hexe: So bleib doch stehen, zum Kuckuck!

Kasperl: So komm doch her, du Kuckuck! Oder hast du Angst vor mir, Hexe Pfefferknall, ähhh Donnerknall?

Hexe rückt wieder auf. Kasperl geht wieder zurück.

Hexe: Besenstil und Hennendreck, so bleib doch stehen, du Mützen-Wurst!

Kasperl: Ich warte ja nur, bis du endlich bei mir bist.

Hexe rückt wieder auf. Kasperl bleibt stehen.

Kasperl: Also, pass auf!

Holt tief Luft und flüstert der Hexe unverständliche Zischlaute ins Ohr, welche auch für das Publikum zu hören sind.

Pfslklrpfslklrpfslklr

Hexe: Eida Pfui, du spuckst mich ja an! Und verstanden habe ich auch nichts, du Dummkopf!

Kasperl: Oh, Entschuldigung, liebe Frau alte Hexe, das wollte ich bestimmt nicht. Warte, ich sage es dir noch einmal.

Holt wieder tief Luft und flüstert der Hexe wieder unverständliche Zischlaute ins Ohr

Pfslklrpfslklrpfslklr.

Seppl flüsternd zu den Kindern

Seppl: Ich gehe jetzt hinein und hole das Hexenbuch. Drückt mir fest die Daumen, Kinder!

Seppl huscht in das Hexenhaus.

Hexe: Eida pfui, du frecher Fratz. Was fällt dir ein. Du spuckst ja wie ein wild gewordenes Lama. Ich will doch nicht duschen.

Kasperl: Ja, wenn dich die Nachricht aus dem Schloss nicht interessiert, dann gehe ich eben wieder.

Seppl kommt mit dem Zauberbuch aus dem Hexenhaus und flüstert zu Kasperl.

Seppl: Hier ist das Hexenbuch. Komm Kasperl!

Kasperl: Gut, nichts wie weg! Auf Wiedersehen, Hexe Knallfrosch!

Dreht sich zum Gehen um. Seppl macht einen großen Bogen um die Hexe und versteckt sich schnell vor dem Kasperl.

Hexe: Halt, halt, Kasperl. Natürlich will ich wissen, was mir die Prinzessin zu sagen hat. Dann spuck mich eben nass. Aber sag es mir!

Kasperl und Seppl gehen eilig ab. Kasperl ruft der Hexe im Weggehen nach.

Kasperl: Die Osterfeier findet morgen ohne dich statt, Donnerknall! Und zwar bei schönem Wetter. Auf Wiedersehen!

Hexe: Besenstil und Hennendreck! Was erlaubt sich dieses Mützen-Würstchen! Will mich wohl ärgern! Warte nur! Morgen bin ich an der Reihe! Jetzt hole ich mein Hexenbuch und lerne den richtigen Regen-Hex-Spruch auswendig. Kasperl, morgen wirst *du* nass! Hihihi.

Verschwindet kreischend hinter die Bühne

Ich bin die Hexe Donnerknall – mach schlechtes Wetter überall!

Stimme aus dem Off

So – wo bist du denn, wo bist du denn, liebes Hexenbuch? Ja, wo habe ich dich nur hingelegt? Besenstiel und Hennendreck, ich bin mir sicher, dass ich das Hexenbuch hier hingelegt habe. Zum Kuckuck! Oder steckt etwa dieses Mützen-Würstchen von einem Kasperl dahinter? Aaaaaa! Ich reiße mir gleich meine Hexenhaare einzeln aus.

Vorhang zu

4. AKT

Vorhang auf. Blumenwiese. Seppl trägt das Hexenbuch.
Beide erschöpft und außer Atem

Kasperl: So, nun kann uns die Hexe nicht mehr fangen. Das hätten wir geschafft!

Seppl: Ja, und ich bin auch geschafft. Dieses Hexenbuch ist ja tonnenschwer.

Legt das Buch ab

Kasperl: Ohne dieses Hexenbuch kann die alte Donnergroll keinen einzigen Wassertropfen vom Himmel hexen. Unser Osterfest ist gerettet. Hurra!

Seppl: Hurra! Und zur Belohnung will ich morgen das große Schokolade-Ei.

Kasperl: Seppl, da bringst du mich auf eine Idee. In diesem Hexenbuch gibt es sicherlich auch einen Hexspruch für Schokolade-Ostereier. Ich schaue gleich nach.

Schlägt das Hexenbuch auf und liest

Hier nicht ... hier nicht ... Ah hier hab ich etwas! Pass auf, ich probiere den Schokoeier-Hexspruch gleich aus:

Trommelwirbel

Abrakadabra Osterfeier, jetzt gibt's dazu die Schoko-Eier.

Trommelschlag. Kasperl hält ein Säckchen mit Schokolade-Ostereiern in der Hand.
Reichen Sie es ihm unauffällig von hinter der Bühne.

Seppl: Tatsächlich, es hat geklappt! Du bist ja ein richtiger Hexenmeister, du Mützen-Würstchen.

Lacht

Kasperl: Das war gar nicht so schwierig. Schau Seppl, die Schokolade-Eier hab ich für dich herbeigehext. Du hast sie dir wirklich verdient.

Überreicht ihm das Säckchen

Seppl: Oh, danke Kasperl! Jetzt kann es morgen auch regnen, wenn es will. Meine Schokolade-Eier habe ich schon.

Kasperl: Komm, du Schleckermaul. Lass uns zur Großmutter gehen. Sie wird sich bestimmt schon Sorgen machen. Auf Wiedersehen, Kinder und danke für eure Hilfe!

Beide gehen winkend ab. Vorhang zu

ENDE

11 lustige Kasperljausen

Hunger!

Soll Kasperl seine kleinen Freunde verzaubern, auch wenn das Stück schon zu Ende ist? Dann ist eine kleine Kasperljause genau das Richtige. Wer von den Kindern beißt nicht gerne in einen Zauberstab und kaut nicht gerne an einem Räuberspieß? Die hier angeführten Kasperljausen können Sie bereits vor der Aufführung in Ruhe herrichten. Die Zubereitung geht schnell und einfach – so einfach, dass auch Ihre Kinder mithelfen können. Und was dabei herauskommt, ist genau so lustig und zum Staunen wie das Kasperltheater selbst. Für jeden Geschmack ist etwas dabei: Obst und Gemüse, Salziges und Süßes, Festes und Flüssiges. Wählen Sie das Rezept, das zu Ihrem Stück passt und Ihren Kindern garantiert schmeckt. Zu jedem Rezept finden Sie Tipps für die passende Dekoration oder eine Zubereitungsvariante. Gutes Gelingen und Wohl bekommt's!

Verzaubertes Spiegelei

Quarkcreme mit Marillen oder Pfirsichen

Zutaten für 6 Portionen

500 g	Sahnequark
3 EL	Zucker
1 Pkg.	Vanillezucker
6 EL	Milch
1	kleine Dose Marillen- oder Pfirsichhälften

Zubereitung

1. Sahnequark, Zucker, Vanillezucker und Milch in eine Schüssel geben und alles glatt rühren.
2. Creme auf vier große Teller aufteilen. Marillen- bzw. Pfirsichhälfte mit der Wölbung nach oben auf die Creme setzen und servieren.

Tipp

Füllen Sie einen Salzstreuer mit Zucker und fordern Sie zum »Nachsalzen« auf.

Zubereitungszeit: 15 Minuten Schwierigkeitsgrad: Einfach

Krokodilstränen

Grießbrei fein dekoriert

Zutaten für 10 Krokodilstränen

250 ml Milch
1 Prise Salz
1 EL Zucker
20 g Butter
60 g Grieß
Kakaopulver, Staubzucker, Zuckerstreusel

Weiteres

Papierbackförmchen, 3 cm

Zubereitung

1. Milch, Salz, Zucker und Butter aufkochen.
2. Grieß langsam einrühren, aufkochen und ausquellen. Anschließend Grießmasse vom Herd nehmen und abkühlen lassen.
3. Aus der Masse kleine Kugeln formen und diese nach Lust in Kakaopulver, Staubzucker oder Zuckerstreusel wälzen.
4. In Papierbackförmchen setzen und auf einem Teller servieren.

Tipp

Servieren Sie die Krokodilstränen auf einem in Alufolie verpackten Teller. Das Krokodil aus der Puppenkiste können Sie daneben legen.

Zubereitungszeit: 25 Minuten Schwierigkeitsgrad: Einfach

Zauberstäbe

Grissini im Schokolade-Streusel-Mantel

Zutaten für 10 Zauberstäbe

150 g Kochschokolade
100 g Zuckerstreusel
10 Grissinistangen (natur)

Zubereitung

1. Schokolade grob hacken und über Wasserdampf im Wasserbad schmelzen.
2. Zuckerstreusel auf einen Teller geben.
3. Jede Grissinistange zu ⅔ mit flüssiger Schokolade bestreichen.
4. Zuckerstreusel sofort auf die noch warme Schokolade streuen. Grissinistange aufrecht in ein Glas stellen und erkalten lassen.

Tipp

Umwickeln Sie das Glas mit Alufolie und streuen Sie mit dem Zuckerstreusel ein Schlangenmuster auf den Esstisch.

Zubereitungszeit: 20 Minuten Schwierigkeitsgrad: Einfach

Kasperl-Spieße

Früchtefondue

Zutaten für 10 Portionen

1	Eigelb
3 EL	Honig
2 EL	Kakaopulver
500 g	Magerquark
200 ml	Sahne
je 1	Apfel, Banane, Birne, Kiwi, Mandarine, Pfirsich
10	Erdbeeren
3	Marillen
1	Zitrone, Saft

Weiteres

10	Holzspieße

Zubereitung

1. Eigelb mit Honig sehr schaumig rühren, Kakaopulver und Quark untermengen.
2. Sahne steif schlagen und vorsichtig unter die Quarkmasse heben.
3. Obst waschen, eventuell schälen und in mundgerechte Stücke oder Würfel schneiden. Obst mit Zitronensaft beträufeln und jede Obstsorte getrennt in Schüsselchen geben.
4. Kinder können sich nun ihren Kasperlspieß selbst zusammenstellen und in die Kakao-Quark-Soße tauchen.

Tipp

Falls Sie die Quarksoße nicht zubereiten wollen, versüßen sich die Kinder ihre Kasperl-Spieße auch einfach mit Himbeersirup.

Zubereitungszeit: 25 Minuten Schwierigkeitsgrad: Einfach

Räuber-Spieße

Gemüse-Spieße

Zutaten für 10 Portionen

1	Salatgurke
10	Cocktailtomaten
1	gelber Peperoni*
5	milde Radieschen
5	Essiggurken
200 g	milder Käse (Fontal oder Emmentaler)
200 g	Fleischwurst (Max-und-Moritz-Wurst oder Lyoner)
10	Mozzarelline*
5	Scheiben Vollkornbrot

Weiteres

10	Holzspieße

Zubereitung

1. Gemüse waschen und putzen. Salatgurken, Peperoni, Essiggurken, Käse, Fleischwurst und Vollkornbrot in dicke Scheiben oder Würfel schneiden.
2. Cocktailtomaten, Radieschen und Mozzarelline im Stück lassen.
3. Alle Zutaten getrennt in Schüsselchen geben.
4. Holzspieße bereitstellen.
5. Kinder können sich ihren Lieblings-Räuberspieß selbst zusammenstellen.

* Paprikaschote
* kleine Mozzarellakugeln

Zubereitungszeit: 15 Minuten Schwierigkeitsgrad: Einfach

Kroko-Maul

Karotte mit Käse

Zutaten für 4 Portionen

4 Karotten
40 g Käse (Edamer, Fontal oder Emmentaler)

Zubereitung

1. Karotten waschen, bei Bedarf schälen und längs von der Spitze her einschneiden, sodass sie nur noch am dicken Ende zusammenhängen.
2. Käse in der Größe der Karotte zurechtschneiden und in die Karotte klemmen.

Tipp

Legen Sie einen Teller mit frischen grünen Salatblättern aus und legen Sie die Krokomäuler darauf.

Zubereitungszeit: 5 Minuten Schwierigkeitsgrad: Einfach

Prinzessinnen-Herz

Wurst- und Käsebrötchen

Zutaten für 10 Brötchen

150 g milder Käse (Gouda, Fontal oder Emmentaler)
250 g Fleischwurst (Extrawurst, Max-und-Moritz-Wurst oder Lyoner)
1 Baguette
100 g Butter
je 5 Essiggurken, Oliven

Weiteres

Herzchen-Backförmchen zum Ausstechen

Zubereitung

1. Käse und Fleischwurst in ½ cm dicke Scheiben schneiden.
2. Aus den Käse- und Wurstscheiben Herzchen ausstechen.
3. Baguette in Scheiben schneiden, mit Butter bestreichen und mit je 3 Herzchen belegen.
4. Mit Oliven oder Essiggurken garnieren.

Tipp

Dekorative Party-Spießchen oder einfache Zahnstocher halten die Prinzessinnen-Herzen zusammen. Umwickeln Sie eine leere 1-Liter-Flasche mit einem glitzernden Tuch, heften Sie es mit Sicherheitsnadeln fest und setzen Sie die Prinzessinen-Puppe drauf. Stellen Sie die Puppe mit auf den Esstisch.

Zubereitungszeit: 20 Minuten Schwierigkeitsgrad: Einfach

Pfui-Teufel-Suppe

Erfrischende Sommerbowle

Zutaten für 8 Gläser

100 g Himbeeren
100 g Erdbeeren
2 Pfirsiche
400 ml gekühlter Früchtetee
400 ml gekühlter Johannisbeersaft
300 ml Mineralwasser

Weiteres
Eiswürfel

Zubereitung

1. Erdbeeren waschen und entstielen. Himbeeren kurz abbrausen. Pfirsiche entsteinen und in Würfel schneiden.
2. Vorbereitetes Obst in eine Bowle-Schüssel geben und mit Früchtetee, Johannisbeersaft und Mineralwasser aufgießen. Nach Belieben Eiswürfel dazugeben.

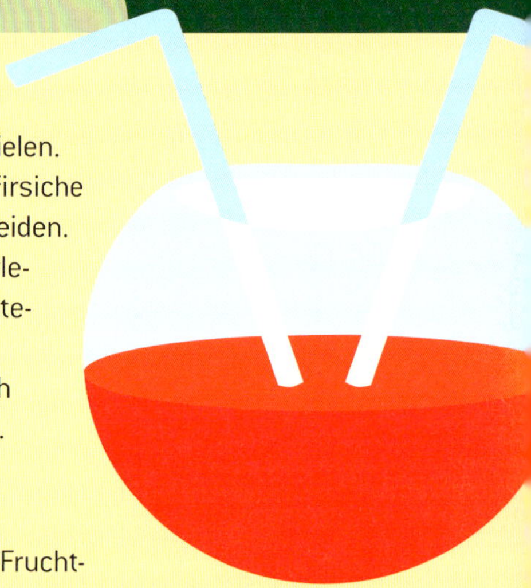

Tipp

Lassen Sie ein paar Spaghetti-Fruchtgummi oder ein paar Minzeblätter in der Pfui-Teufel-Suppe mitschwimmen.

Zubereitungszeit: 20 Minuten Schwierigkeitsgrad: Einfach

Hexentrunk

Erdbeermilch

Zutaten für 6 Gläser

2 Bananen
2 Tassen reife Erdbeeren
750 ml Vollmilch
6 Minzeblätter

Zubereitung

1. Bananen schälen, in Stücke schneiden und mit den Erdbeeren im Mixer fein pürieren.
2. Milch dazugießen und nochmals durchmixen. Auf Gläser verteilen, mit einem Minzeblatt dekorieren und sofort servieren.

Tipp

Fruchtgummi-Spaghetti wie Schlangen aus dem Glas hängen lassen.
Statt Erdbeeren können Sie auch Himbeeren oder tiefgekühlte Schwarzbeeren verwenden.

Zubereitungszeit: 10 Minuten Schwierigkeitsgrad: Einfach

Goldtaler

Blätterteig Pizzette

Zutaten für ca. 18 Pizzette

1 Pkg. Blätterteig
200 g Mozzarella
18 Kirschtomaten
Origano, Salz

Weiteres
Runde Backförmchen zum Ausstechen, etwa 7 cm

Zubereitung

1. Blätterteig nach Packungsanweisung auftauen lassen.
2. Aus dem Blätterteig mit einem runden Backförmchen Taler ausstechen. Auf ein mit Backpapier ausgelegtes Backblech legen.
3. Mozzarella in kleine Würfel schneiden, Kirschtomaten vierteln.
4. Taler zuerst mit Tomaten, dann mit Mozzarella belegen. Mit Salz und Origano würzen.
5. Taler im vorgeheizten Ofen bei 200 Grad etwa zehn Minuten backen oder bis der Käse schön zerläuft.

Tipp

Den Belag können Sie, ähnlich wie bei Pizza, beliebig variieren. Versuchen Sie es mit Tomatensauce, Schinken, Oliven, Sardellen und legen Sie lustige Gesichter.

Zubereitungszeit: 30 Minuten Schwierigkeitsgrad: Einfach

Eiszauber

Erdbeersorbet

Zutaten für 5 Portionen

250 g gefrorene Erdbeeren
100 g Staubzucker
150 ml kalte Sahne
Kekse nach Belieben

Zubereitung

1. Zutaten in die Küchenmaschine geben und so lange bei hoher Geschwindigkeit vermischen, bis ein cremiges Eis entsteht.
2. Eis auf 5 Schüsseln aufteilen, Keks dazugeben und gleich servieren.

Tipp

Nach diesem Rezept können Sie auch andere Früchte wie Himbeeren, Heidelbeeren oder Brombeeren zu Sorbet verarbeiten. Frische Beeren stellen Sie vorab für mehrere Stunden in den Gefrierschrank.

Zubereitungszeit: 10 Minuten Schwierigkeitsgrad: Einfach

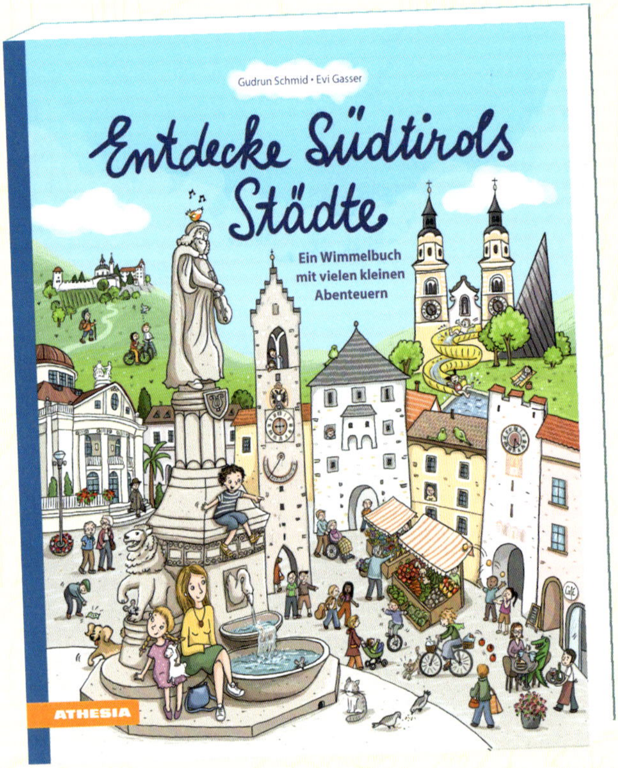

16 Seiten
farbige Illustrationen
Pappbilderbuch
20,5 x 25,6 cm
ISBN 978-88-6839-858-3

AUF SCHATZSUCHE MIT TANTE BETTY, SOPHIE UND LOU

Begleite Tante Betty, Sophie, Lou und Hund Carlo auf ihrer Entdeckungsreise durch die Städte Südtirols. Auf der Suche nach einem geheimnisvollen Schatz begegnet ihnen viel Sehenswertes und Kurioses. Da geht doch tatsächlich ein Krokodil einkaufen!

Suchen, staunen, lachen, nachdenken und erzählen – allein oder gemeinsam in die Seiten vertieft: Dieses Wimmelbuch lädt ein, Südtirols Städte zu erkunden.

Quellenverzeichnis

Brock, H. (2003): Neues vom Kasperle und seinen Freunden: 10 lustige Kasperlstücke. Stuttgart.

Cramm von, D. (2008): Kochen für Kleinkinder. München, 4. Auflage.

Diepmann, R. (2008): Tri-tra-trallala: 42 Kasperlstücke für den Kindergarten. München, 13. Auflage.

Klimke, S., Meyer, M. (2003): Mit Kasperl durchs Jahr: 18 neue Stücke für Kinder von 3–8. München.

Krauel, K. (1993): Der 5-Minuten-Kasperl. München.

Kührt, C. (2008): Kindergeburtstage. München.

Kutik, C. (1994): Das Puppenspielbuch: Praktische Anleitungen und Geschichten. Stuttgart, 2. Auflage.

Lange, U. (2007): Das Kasperlebuch. Ravensburg, 3. Auflage.

Lietz, U. (2008): Die schönsten Kasperlestücke. München.

Longariva, K., Mair R., (2005): Kinderküche kindgerecht. Bozen, 2. Auflage.

Pocci von, F. (2007): Neues Kasperl-Theater. Hrsg.: Dittmann, U., Nöbel, M., München.

Ries, W. (2007): Kinder-Partyfood. Freiburg.

Weissenberg-Seebohm, A., Taudin-Chabot, C., Mees-Henny, C. (2010): Wir spielen Kasperle-Theater. Stuttgart, 5. Auflage.

Workshops zum Buch

Kinder! Seid ihr alle da?
Mitmach-Workshop für Groß und Klein.

Kasperltheater zum Ausprobieren!
Wir zeigen Ihnen die wichtigsten Tipps und Tricks fürs Kasperltheater. Und Sie spielen gleich Ihr erstes Stück. Die Kinder machen einfach mit. Mit diesem Workshop sind Sie gerüstet für das gemeinsame Spiel zu Hause, beim Kindergeburtstag, im Kindergarten und in der Freizeitgruppe.

Infos + Anmeldung:
www.telos-training.com
info@telos-training.com
Tel. 0039 0471 301577

Bibliografische Information der Deutschen Nationalbibliothek
Die Deutsche Nationalbibliothek verzeichnet diese Publikation in der Deutschen Nationalbibliografie; detaillierte bibliografische Daten sind im Internet abrufbar: http://dnb.d-nb.de

5. Auflage 2025

Weinbergweg 7
I-39100 Bozen
buchverlag@athesia.it

Noten: Hans Gantioler
Design & Layout: Athesia-Tappeiner Verlag
Druck: Athesia Druck, Bozen
Papier: Innenteil Gardamatt Ultra

Gesamtkatalog unter
www.athesia-tappeiner.com

ISBN 978-88-6839-328-1
ISBN 978-88-6839-329-8 (e-Book)

MIX
Papier | Fördert gute Waldnutzung
FSC® C010042

Dieses Buch wurde der Umwelt zuliebe nicht mit einer Schutzfolie eingeschweißt.

designed + **produced**
IN SÜDTIROL